解鎖往事陰影，走出複雜性創傷

精神科醫師以EMDR和SE療法，
陪你擺脫創傷，覺察正向自我

第一部本土
複雜性創傷
案例解析

李政洋——著
EMDR國際協會認證治療師、
SE Trauma Institute 認證身體經驗創傷療法執行師

推薦專文

以人為本，找到最佳處遇方法

臺灣 EMDR 學會理事長、頂溪心理諮商所所長、國立臺灣師範大學退休教授／鄔佩麗

本人因李政洋醫師於二〇一四年參與臺灣 EMDR 學會首次舉辦的眼動減敏與歷程更新治療（Eye Movement Desensitization Reprocessing Therapy，簡稱 EMDR Therapy）基礎訓練而結識，自此開始，李醫師就一直是我們學會在臺灣推動 EMDR 治療的重要人物之一。當李醫師請我為他的著作撰寫推薦文時，一方面驚訝於李醫師在忙於門診業務時，除了積極進修專業訓練之外，尚有餘力將自身的臨床經驗整理成書，另一方面則樂見於臺灣的 EMDR 治療發展已逐漸成熟，並能夠有新的發想。因此，本人同意為此書撰文推薦，也期待更多助人專業工作者加入 EMDR 治療的領域，使 EMDR 治療能夠在臺灣紮根

與茁壯。

在閱讀李醫師的著作時，本人時時感受到李醫師對助人專業的自我期許與熱情，實在令人佩服不已！也可從文中看得出來，李醫師為了為病人找到最佳的處遇策略，曾做了很多的嘗試。此種為了做到最好，勇往直前的努力與衝勁也可作為後學者的參考與借鏡吧！

本書除了將EMDR治療與身體經驗創傷療法（SE）兩種理論做了精簡的介紹外，也分享了與其他助人專業工作者合作的歷程。此舉甚為可貴，可供各社會醫療體系人員參考，相信有助於我國在當前相關產業發展上的省思！而EMDR治療的創始人法蘭芯．夏琵珞（Dr. Francine Shapiro）博士當年也是帶著如此的胸襟，廣納各專業人士的意見來建構此理論學說，因此，自一九八七年開始發展此說之後，EMDR治療在世界各地的臨床工作上就一直博受好評！

李醫師以五位來談者的故事幫助讀者一窺複雜性創傷後壓力症候群的內涵，其中貫串著李醫師所運用的專業手法。或許李醫師又想要讓讀者能透析每位來談者的內在世界，因此意圖將箇中的精華片段都能展示出來。但是，對於尚未接受相關訓練的讀者來說，其中有時會有令讀者感到困惑的地方。尤其是本書有意整合多種治療學說在同一個故事中，嘗試著將有類似經驗的來談者加以比對，結果反而令人對創傷事件或受創者本身較不容易理出一個全貌以饗讀者，殊甚可惜！

此書除了提供一些如病態自戀型人格等相關的說明來幫助讀者建立心理健康指標外，也為讀者提供如何向專業人員求助的提點，書末會強調社會支持網絡的重要性，並鼓勵讀者能用建設性的角度來看待一時無助的自己。凡此種種，都可以體會到李醫師在臨床工作上總是秉持著以人為本的信念。在此也期待我們所有的助人工作者能夠共同維護著這樣的理念去服務廣大的民眾，使我們的社會更添溫暖的氛圍！

推薦專文

我不是一個人，我並不孤單，因為我有一個團隊

懷仁全人發展中心諮商心理師／陳慧敏

我非常敬佩政洋醫師，從受訓認識到和他合作多年，他是少數願意和諮商心理師一起討論個案以及共同為個案的整體療癒系統性一起合作的精神科醫師。

在全書中，他沒有一次提到「病人」，他用的是診友和來談者。這是一種深層的對人的尊重，以及他如何看待他和診友的關係。這一點讓我非常感動，因為在醫院或是診所裡，大部分都是稱「病人」。

他簡單地敘述了自己如何從精神科醫師看診及實務歷程中學習到，不只單看症狀本身，而是更深入的去了解症狀背後的創傷故事，並且了解治療不同各種的創傷需要各種

不同理論觀點。如同我的老師羅傑・所羅門（Roger Solomon）說的：「治療師不是一個餅乾模（We are not cookie cutter.），我們需要依照個案的需要而做不同的學習和調整。老師也不斷提醒我們：如果治療師用漂亮的技術做了一場漂亮的治療，但是個案並沒有受益，那麼這是成功的治療會談嗎？所以老師問我們：「一場成功漂亮的手術，但是病人死在手術台上，這個手術是成功的還是失敗的？」「慢就是快，快就是慢！」（Slow is fast; fast is slow.）羅傑老師每次上課都會重複強調這二個重點，而我在書中真的看到了政洋醫師活生生地應用在診友們的治療中。

政洋醫師先用「診間日常」開始讓讀者了解身心科的診間中可能會發生的狀況。並協助讀者了解到什麼時候需要考慮尋求專業的協助，以及治療的過程和結束治療後的自我照顧。他運用幾位個案來分別介紹不同的創傷狀況，以及因著不同個案有不同的需求，他如何運用不同的專業理論來協助他們。

在〈創傷與創傷治療理論〉中，他先解釋了什麼叫做創傷，以及何謂複雜性創傷？並且用精神疾病診斷準則手冊DSM-5及ICD-11中的定義及解釋來讓讀者了解「創傷」是真的，並用淺而易懂的文字來敘述各種創傷。因為創傷不只發生在大的事件，也發生在成長過程中。每一位朋友對事件本身有不同的察覺和感受，這些都是真的，感受到的創傷也是真的！

接著他介紹了身體如何經驗和記憶創傷，而此刻，他又如何運用身體經驗的創傷療法來協助個案。

在第二部〈他們的故事〉中，詳細的敍述隱藏在症狀後面的創傷故事及診友們所承受的辛苦，以及他如何陪伴，並和其他專業工作者合作。在本書中，他也特別強調創傷並不是只有一個狀況，不同的人面對類似的創傷也有不同的反應以及各自的記憶。對其他人來說也許覺得沒有什麼，但對當事人來說是真真實實的受創。

他也強調了慢性病痛和創傷及童年逆境經驗有關聯。他在這當中跟著診友的腳步，細細聆聽之後，依個案的需要，使用不同學派及和各個不同專業工作者合作。

在〈創傷療癒的開始與結束〉中，政洋醫師再度提醒什麼狀況下需要尋求協助，並且介紹各種社會資源，也強調其中一個重要資源是：家人以及朋友，就像他在書中也反覆用各種方式強調「你不是一個人」！創傷的療癒是一個循序漸進的過程，並且需要不斷地自我照顧和尋求周邊的協助。

我非常推薦這本書，這不只是一本可以讓專業工作者更了解診友心路歷程的書，更是讓一般讀者可以了解什麼時候自己和家人朋友需要協助，以及如何自我陪伴和陪伴親友的書。

我也非常感謝好友政洋願意在百忙之中書寫這一本淺顯易懂的書籍，讓大家知道創傷是可以解鎖的，只要我們願意，而且我們不孤單，不是一個人，而是有一個團隊可以協助我們！

推薦專文

讓生命流動起來

覓汨心理治療所創辦人、EMDRIA Approved Consultant／許乃文 臨床心理師

心理創傷——可能跟你想的不一樣；

創傷療癒——不以事小而不為，不僅以事大而趨之。

當政洋醫師告訴我，他寫了一本創傷的書想分享，希望我能寫推薦序時，我感到相當地歡欣鼓舞，一方面，身為學習同儕、以及相互在專業上共照個案的夥伴，我知道政洋醫師多麼投入在創傷治療的精進，進而寫出這本書來對自己的治療經驗做出整理；另一方面我也終於看見在中文書籍閱讀市場，能有致力於創傷治療的精神心理專業人員，將這「彷彿大家琅琅上口般瞭解」的創傷（但實而認識有限），用簡潔文字、質樸的真

實呈現我們常見的一般創傷樣貌，同時提供當代創傷治療的概念、治療架構、大宗流派、可能需要協同參與治療的配合方式，以及透過來談者的互動內容分享，讓大家有機會一探創傷治療的歷程，實屬不易。

這不是本詞藻華美的心靈雞湯、也沒有所謂灑狗血的激烈橋段；但這是一本當你看懂了來談者治療歷程後、明白了那個「意義化」從身體各處浮上意識面後，而讚嘆生命之美與奧妙的另類雞湯，大概就是那種，你每天都去吃同一家小吃店、吃了十年後忽然搞懂它美味的湯底原來是加了某個牌子的味精，於是說出「啊！原來就是這個味道、我終於明白啦！」的心情。

華人的心理創傷，很多時候就像上面的小吃店，看似日常、沒什麼、好似每天都在發生、誰家不是這樣，也因此不易辨識，因為在社會文化的脈絡下，這些「看似正常」的小事不值得一提，也因為重複性的發生，成為了一種「看似習慣」就好的樣貌，但你會發現自己不時可能會有以下的言論，譬如說：「天哪我超丟臉的」（反映出羞愧感）、「我怎麼可以讓別人來照顧我」（反映出自責感、罪惡感）……等等。別忘了，書裡所提及的複雜性創傷，也就是在這些長期的反覆中長出來的，這類小吃店議題的普遍性，便是在臺灣創傷治療中的日常。

沒有客觀的創傷，只有主觀的創傷。

看到這兒，或許你想問「如果我連小吃店議題都解決不了，是不是我抗壓性不足？」那我會建議你好好地瞭解，創傷是怎麼產生的。心理學中有個概念稱為「心智化」（mentalization），簡單地說，意思是「理解、消化」自我、他人、世界這些內外在關係的心理歷程，但如何理解、如何消化？從創傷治療的觀點，仰賴的是個體的內外在資源，而資源的多寡，與你的經驗、年齡、背景、脈絡、思考有絕對的正相關，換句話說，即便是小吃店議題，但若你能彙整進大腦訊息處理歷程的資源不夠，比方說：年紀很小、或是身邊也沒有人可以幫忙，不過是吃碗麵五十元的事，你就是確確實實連五十元都付不出來，那請問，這跟抗壓性不足有關係嗎？可惜的是，資源的多寡在每個人身上變異量都相當大、是極為主觀的事，而當心智化歷程卡住無法繼續，創傷也就隨之出現，跟著一起卡在當下的時間點。

匯入資源、鬆動、解開卡關點，重啟心智化的歷程，讓生命流動起來，是創傷療癒的精髓，它可能一層又一層、一關又一關。

推薦給每一位想探索生命經驗在身上留下足跡意義的你。

推薦專文

創傷治療的百科全書

《解離女孩》作者、健心見心理主持人、諮商心理師／吳立健

終於等到李政洋醫生的這本書，幾個月前知道他在撰寫創傷治療相關書籍就讓我非常期待。我認識政洋已經十多年了，我們因眼動減敏與歷程更新（EMDR）治療法而結緣，當初是在鄔佩麗教授的EMDR討論會中認識。記得當時常常只有我們兩個人在與鄔教授討論EMDR如何幫助案主。那時政洋還在馬偕精神科執業，對於他已經學習過辯證行為治療（DBT）又進一步學習EMDR讓我印象深刻。隨著認識他越久，越被他對於創傷治療的熱情所感動。這十多年來，除了獲得EMDR與身體經驗創傷療法（SE）治療師的認證之外，他從沒有停下腳步的跟著國內外不同創傷領域的大師，持續精進。也基於

此，才能成就這本創傷治療的百科全書。書中蘊含很多心理治療的觀念與技術，卻又不會太艱澀的去解釋它們，一般民眾可以很輕鬆的閱讀，專業助人工作者也可以進一步去深究書中所提到的精進技巧。在心理治療書籍中取得了良好的平衡。

這本書用了五個角色小愛、阿光、豆豆、雪姨、麥麥，為我們介紹了創傷治療的大致輪廓。讓我們知道從看似輕微的無法分手、不想回家、完美主義，到精神疾病的強迫症、甚至是找不出生理因素的慢性疼痛，這些困擾可能都跟創傷有關。政洋利用這五個人，帶我們揭開創傷的神秘面紗，讓我們了解原來創傷對我們的影響無遠弗屆。一般人可能會認為無法分手的小愛是愛情鬼遮眼，不肯認清事實。然而事實是什麼？小愛的事實又是什麼？如果沒有用細膩的心，去看見小愛的各個部分，我們無法輕易理解小愛為何無法分手。無法理解案主的治療，只會帶來更多的偏見與傷害。政洋筆下的第一個案例選擇小愛，可能就是想要告訴我們要往底下看、往深處看。表面上是無法分手，內心的深淵是缺愛、缺乏陪伴的創傷。

「心理的痛苦就是記憶的痛苦」，這是澳洲 EMDR 訓練師 Siggy 教我們 EMDR 時說的一句話。而記憶的痛苦容易帶來創傷，我看見政洋在書中做了很多記憶處理來減緩創傷所帶來的影響，但如果更仔細閱讀書裡的內容，就會發現除了記憶處理技術部分，更可以看見政洋的溫暖與同理。細心、緩慢地與案主各個部分合作，溫柔不批判去看見各部分的害怕、需要以及為了保護案主所出現的各種激烈行為。各部分的出現都有他的理由與重要的工作，為了保護案主所衍生的各種個性、行為，這些都被政洋看在眼裡，透過理解而轉化他們的防衛，繼而產生合作。可以看見這就是政洋對案主的溫柔。

我很喜歡書裡一個觀念，創傷治療就像是與案主一起進行的公路旅行。我們治療師只是副駕駛，沿途提供地圖路線與必要的協助，主要開車的還是駕駛自己。治療的旅途怎麼開，沿途會看見什麼風景，主要還是掌握在駕駛身上。希望每個因創傷而受傷的人，都可以找到旅途的終點，也期望這本書可以成為受傷的人身上必要的資源，幫助他們往終點前進。

目錄

第一部
創傷與創傷治療理論

第二部

他們的故事：
複雜性創傷來談者的治療歷程

第三部 創傷療癒的開始與結束

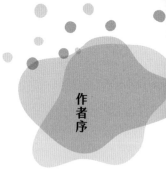

作者序

療癒童年創傷的途徑：EMDR和SE

平常在精神科診所工作，不論是來到健保門診或是個別時段心理治療，許多來談者在各自不同的故事背後，其實有相似的主題。童年創傷的核心經驗，常常躲在各式各樣的症狀或是議題背後。這些症狀以及背後的創傷，都是有方法可以處理、有機會療癒的。這是一開始收到編輯邀請時，想要透過這本書來分享的訊息。

我在住院醫師第三年透過朋友的介紹開始接觸眼動減敏與歷程更新（Eye Movement Desensitization and Reprocessing, EMDR），之後適逢二〇一四年Siggy（Sigmund Burzynski）老師首次來臺灣幫EMDR學會成員做正式訓練，於是逐步取得認證EMDR治療師。期間了解到，許多國外的治療師會將EMDR與許多不同取向的治療方法做結合，其中一個常見的結合是身體取向。在看到馬偕精神科前輩林穎醫師的分享後，我也一腳踏入身體經驗創傷療法（Somatic Experiencing, SE）的學習。

這本書中五位來談者，就是採用EMDR和SE這兩種療法。在書寫的過程中，有一個企圖是想要讓沒有任何心理背景的任何人都可以輕鬆入口，所以在提到專有名詞或是治療概念時盡量都加以解釋。

另外，參考了編輯同仁在討論時提出的問題，其中許多平常在診間也很常被問到，剛好藉機整理出來。在書籍的第三部分，我以三個章節來介紹何時可以考慮求助於專業人員、治療的過程，以及結束治療後的自我照顧，希望在實務面也能提供更多的幫助，使讀者更深入地理解創傷心理治療可能經歷的過程。

在醫院訓練時期會有主治醫師帶住院醫師的讀書會，在接受心理治療的訓練時有許多工作坊、團督和治療團體。許多老師都不吝嗇於分享自己的經驗和方法。也正是這些無私的分享，讓治療的方法能夠不斷進步。書中提到的方法都是學自這些慷慨的老師，如果有一些方法引起了你的興趣，建議可以再透過學會學習，或是參考專業書籍，例如：《EMDR兒童治療：複雜性創傷、依附和解離》、《EMDR應用於兒童心理治療之藝術：從嬰兒到青少年》、《心靈的傷，身體會記住》、《身體記得：創傷及創傷治療的心理生理學》。

辯證行為治療（dialectical behavior therapy, DBT）的創始人瑪莎．林納涵（Marsha Linehan）博士曾經說過：「DBT不是一個自殺防治計畫（suicidal prevention program），而是追求一個有意義和充實的人生的計畫（"a life worth living" program）。」同樣的，解鎖過去創傷所帶來的影響，不是要用來改變過去確實發生過的事實，而是為了讓我們接下來能夠有個更豐富的人生。書中來談者經歷創傷後的成長帶給我許多的啟發，也希望能夠透過這本書與你一起分享。

前言

診間日常

大家對於精神科診間的狀況可能有一些想像，遇到不同的精神科醫師可能也有不同的體驗。對我來說，這裡不只是一個大家來吐苦水的地方，還是見證許多人的生命故事，從他們的身上感受到內在力量和生命轉變的地方。所以我想先分享診友來到診間的三種情況，以及我在診所與其他專業夥伴合作的日常。

來到診間的三種情況

對於來到精神科的診友，我會大略分成三種情況。這樣的分類不是嚴謹的區分，但是可以幫助第一次到訪的診友，思考一下自己來的目的。

首先，有些診友來的時候已經知道自己有很明確的問題，像是失眠、焦慮，並且已經想好要透過藥物治療，或是想要嘗試心理諮商。

第二種情況是診友有一個明確的主題，裡面可能包含多個問題。明確的主題，讓我們可以設計一個治療計畫，以及決定由誰一同參與。

第三種情況則是診友不確定是否應該在精神科就醫，想要先詢問自己所遇到的問題，是可以在精神科求診，或者應該去其他科別就醫。

在臺灣，民眾可以直接前往各專科就醫，不見得會透過家醫科醫師評估之後轉介來到精神科。但有些時候，診友其實是身體有其他情況，如感染、內分泌失調，因此表現出情緒、行為上的混亂而先來到精神科。這時候我會請他／她到相關科別接受進一步的評估、檢驗，排除生理疾病的可能性。

初次會面評估

初次會面評估中，一般會評估家庭史，其中包括三代家族史，以及對於來談者小學時期父母給來談者印象中的特質，當時與父母的關係，協助一窺早年的依附關係。三代家族史，包含家人的職業、是否有精神疾病、自殺史、物質濫用史；家人之間彼此的關係；哪一些家人同住。主要的照顧者，除了父母之外，有沒有其他人，例如：爺爺、奶奶、保母。或者在不同時期有過不同的照顧者和住所。

其他方面的評估，有三類比較有危險性的，如自殺風險（如果有自殺意念者）、物質濫用（如果有使用娛樂藥物）、生理疾病（有時候是其他生理情況造成的身心症狀）。以及診斷性評估，關於是否可能有符合精神疾病的診斷。以及與該診斷相關要評估的面向。例如：飲食障礙會評估體重、BMI、飲食的型態、飲食行為造成的後續生理變化……。評估有許多細節超過本書想要傳達的範圍，在此僅簡短介紹。

與其他專業人員的合作與協作

許多人往往會疑惑的問我，在診所中是否會與其他專業人員合作，有哪些合作的專業人員，以及與其他專業人員的合作方式是怎樣的？

精神科診所經常會合作的專業人員大約有幾種類型：諮商心理師、臨床心理師、社工師、職能治療師、物理治療師、音樂治療師、藝術治療師、舞蹈治療師……，會依個案狀況不同而調整。

在我們診所內部和其他專業人員合作的方式大約有以下幾種：

一、在門診接受藥物治療、在心理師處接受諮商：

這樣的診友通常是有一些可能會影響心理諮商效果的症狀，症狀嚴重者甚至有安全上的風險。例如若同時有注意力不集中與創傷的診友，透過藥物協助注意力提升，在諮商歷程中比較能夠專注，思緒不容易發散到其他比較不相關的情況。也可能是情緒低落不時閃過自傷或自殺的意念，透過藥物來緩和情緒及減少自傷自殺意念，會讓來談者比較有餘裕針對主要議題來進行諮商。

在這種情況下，心理師可能在經過診友同意後，會將在諮商中的觀察與我分享，我也會提出在哪些症狀上可能透過藥物，協助診友的狀態穩定一些。用藥之後，心理師也會將診友對於藥物的反應和感受反饋給我，對我調整藥物治療非常有幫助。

二、在心理師處接受諮商、我擔任合作的心理治療者：

有時候，心理師與來談者諮商一段時間後，來談者建立了自我覺察、發展了許多因應的技巧。但是過去童年創傷經驗被觸動的時候，來談者情緒湧現上來，因而淹沒了原本建構好的適應方式。遇上這種狀況，心理師會找我一起協助處理童年創傷經驗，更新這些創傷經驗。

三、社工師做家族治療、我做個別心理治療：

這樣的診友多半是來到診間的症狀或是議題與他跟家裡成員的互動有關，家裡的成員間也有意願為了彼此，在溝通上花一些時間找尋更貼合彼此頻道的方法。除了溝通之外，診友也想要對自己好一點，療癒自己在過去經驗中留下來的影響，因此也進行個別心理治療。

社工師在家庭治療中協助父母與子女在彼此溝通時，能夠表達出內心真實的想法和感受。有時候，可能其中一位家庭成員會想找我再做個別治療。

四、音樂治療師做音樂治療、我與音樂治療師一起進行創傷治療：

有些診友對於音樂治療有興趣，會先與音樂治療師一起接受音樂治療一段時間，之後因為在音樂治療的旅程中逐漸探索、了解自我，所以注意到有一些關鍵的創傷經驗，來談者基於對原本音樂治療師的信任，也知道我對於創傷治療有一些工具和方法，想要我與音樂治療師一起進行創傷治療。

在這樣的處理創傷經驗中，搭配音樂，以比較和緩的方式進行，在創傷治療的後段時間，也透過音樂治療協助神經系統回到穩定。

來談者自己的目標最重要

在此，我想要特別說明的是：進入心理治療前，來談者自己的目標非常重要，這有助於治療者和來談者一同在治療中保持清晰的方向。就像房屋裝修，會有個合約，詳細列出會用哪些建材和工法來達到預期的目標。有時候來談者的問題可能並不是原本就清楚知道，或可以輕易敘述清楚脈絡的，甚至有些素材會以自律神經系統的反應來呈現，需要我們一起追蹤和解讀這些訊息。解讀之後，會以自律神經系統的示意圖像來談者介紹，他們告訴我的現象，可能是出現在神經系統的什麼狀態，例如：腹側迷走神經、背側迷走神經、交感神經，有些時候會在治療前後搭配心律變異性（Heart rate variability, HRV）的儀器來輔助判讀自律神經系統治療前後的狀態。

書中的五位來談者，他們都有著明確、清楚的目標，再加上想要幫助自己的強烈動機，讓我有榮幸跟他們一起抽絲剝繭，穿越創傷的迷霧。

第一部
創傷與創傷治療理論

1

關於心理創傷、複雜性創傷與複雜性創傷後壓力症候群

新冠肺炎的流行對許多人的身心健康造成影響。根據健保局的資料，可以看到疫情期間基層診所有兩個科別有所成長，分別是皮膚科和精神科。以身體經驗療法中的觀點來說，新冠肺炎病毒對我們是一種看不見的威脅，會啟動我們每個人各自的防衛系統，以自己覺得可行的方式來因應。

另一方面，因為三級警戒或封城，人與人失去原本的連結，長期待在家中，讓許多人升起嚴重的孤獨感。但我也遇到一些原本就不喜歡與人太多交際的診友，覺得非常不

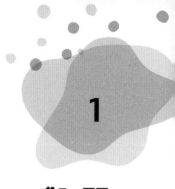

錯。還有些人，則是因為與樓上樓下鄰居長時間相處在相鄰空間，緊繃的神經對於透過天花板或是地板傳來的聲音和震動，產生出焦慮、憤怒的症狀。在國外研究中，有將新冠肺炎大流行視為一種創傷事件，也有與新冠肺炎相關的心理創傷。那說到底，什麼是創傷？

各種創傷的定義

國際創傷壓力研究學會（ISTSS）這樣回應什麼是「創傷」（trauma）：**創傷是一個讓人無法承受的事件。**不同的人認為是創傷的事情會有所不同。過去許多人認為只有造成身體傷害會引起創傷，現在我們知道，特別是在缺乏關心和支持的情況下，造成巨大壓力的情感事件也可能造成創傷。因此，分手情傷、家人過世的悲傷失落也有可能形成創傷。

另外，國際創傷壓力研究學會將「複雜性創傷」（complex trauma）定義為「**反覆或長期接觸多種形式的人際創傷，因為存在身體、心理發展階段、家庭／環境或社會限制，因而無法逃脫的情況。**」

創傷和複雜性創傷的主要差異在於：

❶ 單一事件創傷有個**明確的開始與結束**，而複雜性創傷常常從**兒童青少年時期**開始，可能到長大成年都還持續發生，甚至隱藏在人際互動的脈絡中，連當事人都不清楚自己受了傷。

❷ 另外，表現出來的樣貌也有不同：經歷單一創傷，回到安全的情境中，治療的歷程通常比**較短**，**只在生活中出現與該事件相關的連結時會被觸發**創傷反應。例如：經歷車禍後，只有在要騎車或過馬路時會有困難。

而複雜性創傷在來到治療場域時，可能是因為生活中的毒性環境沒有辦法提供足夠的支持；同時，治療的歷程通常比**較長**，治療師需要提供來談者的**支持也會較多**，需要**處理的面向也較多元**。因為複雜性創傷可能會造成來談者對於自我有負面的評價、與他人之間難以維持穩定的關係、對於所處環境可能容易感到不安全，情緒的自我調節常有困難。也因此，來談者要進入到治療場域前，常常會自我懷疑，因而在起心動念之後要掙扎很久才會進入治療。例如：「是我自己抗壓性不足」，而不會想到是自己受傷了。他們對於治療師可能比**較難建立信任關係**，而信任剛好是治療有效的核心要素之一。而自我調節有困難的情況下，治療師除了要處理過往經驗帶來的影響，日常生活中也常會因為情緒困擾衍伸出接踵而來的挑戰，需要協助來談者建立自我調節的能力。

創傷後壓力症候群與複雜性創傷後症候群的差異除了前面提到的創傷與複雜性創傷，在醫學診斷中的創傷後壓力症候群（Post-Traumatic Stress Disorder, PSTD）和複雜性創傷後壓力症候群（Complex Post-Traumatic Stress Disorder, CPTSD）又有什麼差異？

茱蒂絲・赫曼（Judith Herman）博士是最早提到成人CPTSD的人。她與貝塞爾・范德寇（Bessel Ven der Kolk）醫生一起將符合CPTSD概念的症狀分成六大類，提出DSM-4（*Diagnostic and Statistical Manual of Mental Disorders,* 4th ed.）中其他未指定的極端壓力障礙（Disorders of Extreme Stress Not Otherwise Specified, DESNOS）診斷。六大類症狀分別為：

❶情緒和衝動調節的變化
❷注意力或意識的變化
❸自我認知的變化
❹與他人關係的變化
❺身體化症狀
❻意義架構的變化

很可惜的是，在後續DSM-5診斷準則中未列入CPTSD診斷，但是有比較靠近的PTSD解離亞型。另外在ICD-11（*International Classification of Diseases* 11th Revision）中，則列入了CPTSD診斷。

在ICD-11中，CPTSD包含三類PTSD的症狀群（此時此刻的經驗重現、逃避、當前感到威脅），以及三類CPTSD的症狀群（調節情緒有困難、持續負面的自我信念、持續難以維持人際關係）。如果想要評估是否符合CPTSD症狀或是PTSD症狀，可以利用《國際創傷問卷》（The International Trauma Questionnaire, ITQ）進行簡短自我評估。香港理工大學有製作中文版，並有相關的信效度研究。此外，即便在ICD-11中CPTSD診斷準則沒有提到解離症狀，但是解離症狀（Dissociation）[1]是CPTSD中主要的症狀之一。與PTSD患者相較之下，CPTSD患者出現解離症狀的比較多。

在DSM-5中，雖然沒有CPTSD診斷，但是在PTSD解離亞型中，比ICD-11的CPTSD診斷有較多著墨在解離症狀上。在解離亞型中的解離症狀有兩項：**失自我感和失真實感**。研究顯示，PTSD解離亞型與童年創傷史、在指標創傷事件前（PTSD開始之前）即有童年逆境經驗，例如：成長過程缺乏愛和關懷、家中成員有精神疾病、童年常常搬遷轉換環境）。患者罹患PTSD解離亞型的可能性，複雜性創傷，特別是與早年親密關係（例如，與照顧者的關係）的創傷，其他相關因素包括身體暴力、羞愧和罪惡感。

ICD-11中關於PTSD的描述：

創傷後壓力症狀障礙（PTSD）可能是在經歷極度威脅性或恐怖的事件或一系列事件後出現的。

必要（必需）特徵：

接觸到一個極度威脅性或可怕的事件或情境（無論是短暫還是長時間）。這些事件包括但不限於直接經歷自然或人為災害、戰鬥、嚴重事故、酷刑、性暴力、恐怖主義、襲擊或急性危及生命的疾病（例如心臟病發作）；目睹他人在突然、意外或暴力的方式下受到威脅或實際受傷或死亡；以及得知親人的突然、意外或暴力死亡。

1 在柯林斯英語辭典（Collins Dictionary）中的同義詞之一是disconnection（中斷連結）。一般人也都會有非病理的解離經驗。例如：放空、做白日夢。病理的解離經驗的樣貌有很多形式，如解離經驗量表中所評估的失憶或是對記憶的不確定、失自我感、失真實感。或者如加拿大專精於創傷與解離的露絲・拉尼厄斯（Ruth Lanius）教授認為會出現在四個維度：時間（難以活在當下）、思想（在腦中有內在聲音與自己對話）、身體（例如：脫離自己的身體）、情感（麻木、封閉）。

在創傷事件或情境之後，發展出一種持續至少幾週的特徵綜合症，包括以下三個核心要素：

❶以鮮明的侵入性回憶、解離性瞬間回憶重現或惡夢的形式重新體驗創傷事件。重新體驗可能通過一種或多種感官感受發生，通常伴隨著強烈或難以承受的情緒，特別是恐懼或恐怖，以及強烈的身體感覺；

❷避免思考和回憶事件，或迴避與事件有關的活動、情境或人；

❸持續感知到當前威脅升高，會以如過度警覺或對意外噪音等刺激的強化驚嚇反應來表現。這些症狀持續至少幾週，並導致個人、家庭、社交、教育、職業或其他重要功能領域明顯受損。

創傷的樣貌

在《你發生過什麼事》中，歐普拉從兩種角度來探討創傷的影響，一種是以科學解釋早年創傷對腦部造成的影響；另一種則是每天不斷進行的行為，可能是創傷的結果，也可能是反映出創傷。以下舉例說明一部分在診間常見創傷種類的可能來源或外在表現。

一、童年創傷：

- **可能來源：**參考衛生福利部的《兒少虐待及疏忽—醫事人員工作手冊》，裡面提到的四項虐待，分別是身體虐待、性虐待、疏忽及精神虐待。疏忽是其中較缺乏明確症狀的，也常因此沒有被察覺到。
- **外在表現：**人際關係困難、易怒、對周遭事物不感興趣。

二、意外：

- **可能來源：**車禍、天災、嚴重疾病。
- **外在表現：**過度警覺、回避提醒創傷的人事物、情緒麻木。

三、性侵害：

- **可能來源：**受到性侵害或性騷擾。
- **外在表現：**人際關係困難、性功能障礙。

四、精神暴力：

- 可能來源：長期承受責罵、威脅、辱罵等。
- 外在表現：自卑、依賴、缺乏自信。

四個問題，評估創傷後壓力症候群

這幾年在診間遇到的診友，有些人是因緣際會之下，發現自己有創傷的經驗，主動來尋求協助；也有很多人來到診間，但堅信自己沒有經歷過什麼重大創傷，創傷這樣的現象與他們目前的困擾無關。除了到醫療院所接受精神科醫師、心理師評估之外，也有針對創傷的簡短評估方式，不妨參考看看。

如果想要先了解一下自己或親友的狀況是否可能是創傷後壓力症候群，再決定是否前往身心精神科，可先以下列四個簡單、卻又很實用的問題來進行初步的自我評估。

在過去一個月中，你有多頻繁會——

❶ 突然覺得或表現得好像某起壓力事件真的再次發生（好像你真的回到那裡身歷其境）？

❷ 迴避那些令你聯想起那個壓力事件的外在東西？例如：人、地點、對話、活動、物品或情況？

❸ 煩躁的行為，暴怒，表現出攻擊性的行為？

❹ 感覺與其他人有距離或是切斷聯繫？

0＝完全沒有　1＝少許

2＝中等　3＝相當困擾

4＝極度困擾

這是簡短版的創傷後壓力症候群量表（short form of the Post-traumatic Stress Disorder Checklist for DSM-5, PCL-5）。**6分以上可能有創傷後壓力症**。和原本的二十題PCL-5，能夠有相似的效果來評估創傷後壓力症。

從多重迷走神經理論來看，問題巧妙的涵蓋神經系統的不同狀態。第一題點出與創傷記憶的相關性，例如在路上遇到與曾經欺負過自己的人身型相似者，感覺就好像真的回到當時被欺負的感受。第二題與戰－逃反應中的逃有關，例如曾經歷職場霸凌，平常通勤時，會刻意繞路避開那間公司所在位置前後幾個捷運站。第三題是戰，例如曾經在暗巷裡遭歹徒搶劫，遇到原本可以勾肩搭背都無所謂的朋友突然從後面拍自己肩膀打招呼，感到很不耐煩地轉身喝斥對方。第四題則與背側迷走神經的凍結／關機相關，例如即使與朋友一起聚會，可能會感覺無法融入當下的環境。更嚴重一點的情況，是朋友邀約也不想出門。更有甚者，會連朋友傳來的訊息都不想點開。

了解，是走向創傷療癒的第一步。

就像《我的骨頭知曉一切》（*What My Bones Know: A Memoir of Healing from Complex Trauma*）的作者史蒂芬妮・胡（Stephanie Foo），她曾經以為自己有著完美生活，直到發覺自己的情緒常被無端觸發，不僅傷了自己，也傷害了周圍的人。從診斷開始，她一步步了解自己所承受的傷，並接觸各種創傷相關的療法。我們也可以花點時間，透過四個問題，反思自己是否存在某些創傷的反應，從而開始關心並照顧自己。

2

身體經驗創傷療法

這一章將簡介身體經驗創傷療法（SE），這是一種非常實用的身體取向的心理治療方法。它著重於在我們身體中所感受、所記憶的創傷。這種治療方法認為，身體記得創傷當時的自我防衛反應，持續的防衛反應在身體留下長遠的影響。這種治療方法可以幫助我們更好地理解和療癒創傷，讓我們一起來了解它的起源和幾個基礎方法。

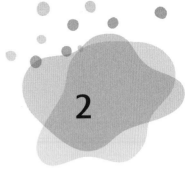

起源和元素

身體經驗創傷療法是由彼得・列文（Peter Levine）博士所創。從創立至今已經歷五十多年，那是在美國精神醫學會將創傷後壓力症納入正式診斷的十年前。彼得・列文博士受到佛洛伊德的學生威廉・賴希（Wilhelm Reich）啟發，威廉・賴希認為創傷會殘留在肉體上。另外一個影響彼得・列文博士很深的，是當時在哈佛的神經解剖學家保羅・伊萬・雅科夫列夫（Paul Ivan Yakovlev），他讓彼得・列文博士了解到認知與情緒也受到原始的爬蟲腦影響。提出多重迷走神經理論（Polyvagal theory）[1]的史蒂芬・波吉斯（Stephen W. Porges）博士也是彼得・列文博士多年的好友，他們對彼此有很深的影響，在身體經驗創傷療法中也處處可見融合多重迷走神經理論的原理及應用。

> 創傷症狀不是由事件本身所造成的。只有當經驗的殘餘能量未曾從身體裡獲得釋放時，症狀才會出現。
>
> ——彼得・列文

彼得・列文博士自己發展了一個地圖來描繪經驗中的五個部分，分別是：感官感受

（Sensation）、影像（Image）、行為（Behavior）、情感（Affect）、意義（Meaning），他也以這五個部分的字首自創了一個字**SIBAM**。

- **感官感受：**這裡指的是內在的感受，例如胸悶，或是腹痛（內臟的感受）。
- **影像：**彼得・列文博士自己承認這是容易混淆的詞。這裡的影像不只是視覺，也包含聽覺、嗅覺、味覺、觸覺，這些接觸到外界所感受到的。
- **行為：**這裡的行為指的是如呼吸、臉部的表情、身體的姿勢，也可以是有意識或無意識的手勢、手印。
- **情感：**包含原生情緒，如憤怒、恐懼、悲傷、驚嚇、喜悅和厭惡，也包含像是澄心（Focusing）的創始者尤金・簡德林（Eugene Gendlin）所提到的深感（Felt Sense），去注意內在難以用言語描述的體驗。例如：看到一幅美術館裡打動人心

---

1 史蒂芬・波吉斯教授的多重迷走神經理論，將迷走神經功能分為三個層次：社交交流的腹側迷走神經（ventral vagal）、交感神經（sympathetic）和背側迷走神經狀態（dorsal vagal）。背側迷走神經狀態是指身體在遇到極度壓力或威脅時採取的最後防衛機制。在這種狀態下，身體的能量消耗降低，以保護重要器官和生命。在背側迷走神經狀態下，人們可能表現出無力、僵硬、沒有反應，相關的生理反應可能會有：心跳變慢、呼吸變慢、變淺；相關的心理狀態可能會出現：冷漠、無法集中注意力。

的畫作時內心的感受。

- **意義**：這裡的「意義」與認知學派所提到的想法、信念類似。

同時，觀察SIBAM元素有三個重點：

❶ **聆聽、觀察，並透過詢問來確認**說者和聽者覺察到的元素。

❷ **發覺未提及的元素**：有時候，某些元素可能說者沒有提到，或是未意識到它們的存在；也有可能治療師有注意到一些身體的動作、表情，但是說者沒有意識到。

❸ **提出問題並提供回饋**：藉由提問、把觀察回饋給講者，將這些元素帶入講者的意識中，有益於創傷事件脈絡的了解。

在創傷經驗中，這些部分可能會失去連貫性（連結破裂），也可能發生過度連結的情況。例如發生車禍之後，可能不記得當時的影像，但是會在遇到馬路上的來車時出現強烈的恐懼。我們可以說不記得影像，就是一種連結破裂，因為事件與畫面沒有連結。而來車與恐懼則有過度連結，對向車子實際上不是當時事發時的車子，甚至可能也只是正常在路上行駛，卻與創傷記憶中的恐懼產生了連結。透過觀察到這些連結，進一步有機會解開這些連結，釋放存留在身體的恐懼。即使不需要去記憶車禍當時發生了什麼事，完整的覺知來到事件另外一段（例如在急診透過醫生的說明，了解自己生命安全的時刻），以便經驗到自己確實已經度過車禍事件。

時間線

在身體經驗創傷療法中，對於治療創傷事件有一個概念稱為「時間線」。這個概念包含：時間軸，創傷事件發生地當時，以及在創傷事件發生前發生的與創傷相關的事件，以及在創傷事件後所發生與創傷相關的事件。

大家對於過去—現在—未來這樣的時間順序一定不陌生。不過這樣熟悉的情況，在創傷經驗當中常常會有所不同。創傷經驗中的時間感常會受到影響，可能只記得某個特定的時刻，例如發生意外的那一刻。但是卻常常忽略了後續自己什麼時候獲救，什麼時候知道自己生命安全了。因此每每回憶該事件時，總是記得那個驚險的瞬間，卻不記得自己已經生存下來了。

工作方法：滴定與擺盪

接下來要介紹兩種跟SIBAM工作有關的方法：滴定、擺盪。透過滴定，可以用**少量、比較溫和**的方式來探索SIBAM中的元素；透過擺盪，則在探索過程中出現**快要超過負荷前，可以轉移到其他安全的地方**，緩和下來。

▼滴定

這是彼得．列文博士從化學中借用的名詞。化學實驗中的滴定，與做料理時要在適當時間放入適當的食材相似。一滴一滴的加入化學物質，直到出現想要的化學反應。

以滴定方式來面對創傷經驗，就是稍微接觸一點點創傷，然後就回到身心安頓的練習上。以溫和、可以承受的方式，來一點一滴的涵納原本難以承受的創傷。例如在時間線上，我們可以不直接去到創傷最痛苦的環節，而是從創傷發生之前或是之後的時間開始。也可能是在內容上做滴定，可能以一句話甚至是一個詞描述創傷經驗，先試著調節這一句話或一個詞所引發的創傷反應。

▼擺盪

彼得．列文博士認為大自然有個共通的特性，就是會有擴張和收縮。這樣的現象，在人體上也有。身體經驗創傷療法治療師梅納克姆（Resmaa Menakem）曾說過：「當我在處理創傷時，我總是在與能量打交道，無論是資源還是受阻的能量。我正在處理的是在身體中出現的能量。」創傷就如同是受到阻礙、緊縮在身體的能量，而資源就像是擴張、流動的能量。

彼得．列文博士在介紹擺盪的時候這樣形容：「通常不直接處理感覺，你只是碰觸它們並能夠來回移動到身體中的其他感覺，或四處看看房間，注意到幾個對你來說令人愉快的物品，注意到那種愉快的感覺，然後找到那在你身體中的位置。然後有更多安全島嶼可供使用，以處理創傷感覺。」

以下介紹三種擺盪的方式。

❶在身體上擺盪

相對於身體感到不舒服的位置，在身體其他部位，找一些感覺稍微好一點的地方。只要能夠稍微好一點、稍微輕鬆一點即可，不用找到很舒服或是感覺很好的地方。例如在提到不愉快的經驗時，頭開始暈。這時候可以試試看，身體有什麼位置感覺比較不受到暈的影響；也可以將注意力轉移到下半身，試試動一動腳趾，踏一踏地板，感覺到身體比較有空間可以來涵納創傷的機動能量。

❷在內在與外在擺盪

創傷的能量儲存在身體之中，也造成許多有創傷經驗者，要將注意力放在自己身上是不舒服的。如果有這樣的情形，將注意力先放到外在，尋找一些外在的人事物，或許有什麼可以帶來一點熟悉、舒服、安心的感受。再把注意力稍微回到身上看看，能不能夠在身上感受到一點舒服或是安心。可能從一開始90％的時間注意外在，10％的時間回到內在。當逐漸可以涵納內在的感受，可以增加感受內在的比例到20％、甚至是30％。

❸在創傷的影像與資源的影像上擺盪

創傷經驗在身體上的感受，有些時候會描述成黑洞、火山等像是有一個代表的影像。如果是在影像上擺盪的做法，我會請來談者試著想像希望影像可以變得怎麼樣。可能相對於黑漆漆的洞，來談者會想要一些陽光。這時候我就會邀請來談者將注意力放在陽光的畫面上，享受一下陽光，停留一會兒之後，才慢慢將注意力回到原本的身體感受，看看他會注意到什麼樣的變化。

▼穩定、滴定、擺盪、釋放

被束縛在身體中的肌肉和自主神經的能量透過震動、顫抖、皮膚顏色變化、深呼吸、打哈欠、眼淚來釋放。

我們可以透過一個簡單的案例來說明穩定、滴定、擺盪、釋放的過程。

小明是一位中年男性，經歷親人突然過世，導致他在思念親人的時候會悲傷到難以承受，在想念親人時會感到胸悶、吸不到空氣。

❶**穩定**：治療一開始，我們的目標是協助小明穩定情緒，透過身體感受與大地的連結幫助他感覺到穩定，以及在治療環境中是安全的。

❷**滴定**：當小明可以有穩定、安全的感覺，接下來引導小明，慢慢的回顧一小段親人過世經驗的片段，過程中留意這是否在他可以承受的範圍。讓小明接觸到一點情緒，又不至於過度悲傷。

❸ **擺盪：**在身體上尋找相對於胸口，其他感覺比較舒服一點的地方。將注意力輪流放在舒服的地方和胸口，來回的轉換注意力聚焦的位置。

❹ **釋放：**小明在擺盪的過程中，開始有比較明顯的胸口起伏，有比較深的呼吸，悲傷伴隨著幾滴眼淚流下來。小明的胸悶逐漸減輕，呼吸變得比較順暢。

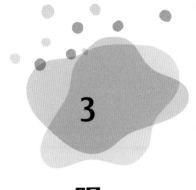

3

眼動減敏與歷程更新

（在說明眼動減敏與歷程更新（Eye Movement Desensitization and Reprocessing，簡稱EMDR）的架構之前，要先提醒的是：不要自己參考這個架構在家裡幫自己或是幫你的親友做練習。裡面有許多治療中需要臨場判斷做介入的地方，這些都不會在簡介中呈現。治療需要經過專業的訓練、接受督導。）

想像一下你正坐在一列火車上，隨著火車往前行駛，原本在身邊的風景離你越來越遠……。假設有一個過去的創傷經歷持續困擾著你，沒有隨著時間過去，這時候如果有一列火車可以讓過去的創傷經歷離你越來越遠，你會想要搭乘嗎？如果你願意，EMDR正是一台能夠讓過去經驗過去的列車，也是世界衛生組織建議創傷治療的推薦療法之一。英國哈利王子接受EMDR來治療十二歲時母親過世的哀傷及對於媒體緊迫盯人的憤怒與無助；美國女歌手、演員艾希莉・賈德（Ashley Judd），在母親自殺身亡現場照片被新聞媒體公開後，接受EMDR治療處理再創傷（retraumatizing effect）。近幾年來在面對日益增加的複雜性創傷，EMDR更是治療師工具箱內一項好用的工具。

起源和目的

一九八七年，心理學家法蘭芯・夏琵珞（Francine Shapiro）發明了動眼治療。當時她剛獲得文學博士學位不久，就得知自己罹癌，在悵然若失之際，於校園的林道中漫步。她漫無目標的左看看、右看看，欣賞著途中景色，等到回去的時候，不經意地發現，原本心中的失落有了改變。她好奇這當中發生了什麼？記者採訪法蘭芯，也想知道如果回到發現眼動效果的那一天會注意到什麼？她回答記者，會注意到眼睛以對角線的方向快速移動。當她想到令人不安的事情時，她的眼睛以這樣的方式移動，然後這個想法就不再讓她感到不安。她認為自己偶然間發現了一種可以處理思緒的方法，這讓她感到著迷，後來她再將這項發現轉化為可以用於其他人的治療方式。

EMDR引用英國心理師、EMDR治療師喬登・維亞斯-李（Jordan Vyas-Lee）對於創傷的說法：「**對身體有危險、危及生命或極度貶低個人尊嚴的經歷會導致神經系統混亂**」。當遭遇創傷事件時，記憶功能會暫時停止正常工作，本質上是為了讓我們能先活下來。創傷發生時，會停留在短期記憶中，並以身體記憶的方式留在身上。這些記憶很容易回想起來，也很容易被觸發，仍然以類似當初痛苦的形式呈現。我們的大腦無法理解當時和現在的區別，因此會影響我們很多下意識的行為和選擇。而EMDR的目的，**是將未處理的創傷經歷從短期記憶更新、安頓後整合到整個身心系統的長期記憶中**。在EMDR的訓練中有提到，治療複雜性創傷或嚴重解離的來談者，則需要對步驟做調整。

基本概念

以下簡介EMDR治療中更新記憶的基本概念：適應性訊息處理模式（adaptive Information Processing, AIP模式）及治療八階段步驟和三叉範本。

▼適應性訊息處理

AIP這套模式認為，病理的症狀來自於過去以未被處理的原貌儲存的記憶，當這些經驗被啟動時，患者的生活就會受到干擾。例如經驗重現時，患者可能會覺得正在經歷創傷，沒有辦法感覺是發生在過去的事情；或者遇到與加害人相似的人時，會出現害怕的感受。

在治療之後，原本受創傷損害的海馬迴可以修復，而處理過的記憶則成為健康的基礎。鄭玉英博士在《EMDR兒童治療》的中文版審閱序中提到，動眼治療與AIP模式對我們普羅大眾的記憶管理帶來啟示，就是：需要將苦難記憶與曾有過的平靜安穩、喜樂溫暖的記憶往返其間，互相連結，加以整合。

▼治療八階段步驟

EMDR美國總會的網站中提到，在開始進行EMDR治療前，建議可以向你的治療師詢問，治療的流程會是怎麼樣。不妨請你的治療師以他專業的觀點，介紹標準治療程序的八個步驟，也可以做為評估治療師適不適合自己的其中一項參考：

❶**收集個案史與擬定治療計畫**：在此階段會評估解離程度、不會對複雜性創傷的來談者深入詢問故事，以免太快開啟創傷。也會蒐集來談者的主訴問題、目前症狀和評估潛在議題，潛在議題如透過評估童年逆境經驗，可能注意到現在的主訴問題或許與過去經驗有關連。評估依附史和失落經驗，透過依附的觀點來看現在主訴與症狀的脈絡，甚至是一些以成年人的觀點看似微不足道的事件，卻有持續的負面影響。吳立健諮商心理師在小說《解離女孩》中，就嘗試提醒我們注意這樣的關鍵小事件。

❷**準備與身心安定**：預備資源，是在治療過程中來談者可以運用的技巧，或是每一次治療之間維持穩定的方法。外在資源則可以是支持來談者的家人、朋友、動物和信仰；也可以組織對來談者治療可以共同照顧的系統，例如有主要負責心理諮商的治療師，另有主要負責藥物治療的精神科醫師、調理體質的中醫師、舒緩身體不適的物理治療師……等。另外，可以衛教關於結構性解離理論、多元迷走神經理論、依附理論，讓來談者對於發生的這些現象有所了解。

❸**標的項評估：**評估要處理的記憶，所包含的畫面、情緒、正負向認知、身體感受、困擾程度，可以幫助來談者限縮一開始需要闡述的內容量。與描述整個發生的過程相比，描述一個關鍵的畫面，甚至來談者選定好畫面後不用描述，對來談者的治療都可能更好。

❹**減敏感：**提取第三階段所評估，關於要處理記憶的各元素，以雙側刺激來促進創傷記憶與適當的訊息連結，使記憶以新的方式儲存。當來談者對於此記憶困擾程度的分數連續兩次達到0分（可以是不困擾，或是對此記憶持有中性的感受），則可以進入下一個階段。

❺**深植：**增加來談者對於已經成功歷程更新記憶的正向信念，強化正向認知與該事件的記憶網絡間深度連結。進行過幾個回合的雙側刺激，與該事件相關的正向認知可以感覺到非常真實後，可以考慮進入下一個階段。

❻**身體掃描：**與正念中的身體掃描相似。請來談者想像將記憶放在身體旁邊，從頭

到腳逐步的感受，記憶是否會帶來身體不舒服的感受。如果有，則進行數回合的雙側刺激，直到身體沒有與該記憶相關的不適感。確認連續兩次身體掃描都沒有不適，則可以進入下一階段。

❼**結束：**於安全、適合的地方結束該次治療。如果是在記憶的歷程更新未完成的情況下結束該次治療，可以選擇將記憶想像裝在箱子裡密封好，留待下次接續處理。提醒來談者回去後仍會持續有記憶處理歷程，可以簡單記錄下來。

❽**再評估：**下一次治療時，確認上一次工作後的進展。因為在每次治療之間，會有持續處理。我會用運動來比喻持續處理，就像是做完運動之後，接下來可能會持續幾天肌肉痠痛，這段時間是肌肉在重新修復、生長。EMDR就像是大腦和身體的運動。因此在治療前我會確認來談者是否有進食，如果頭腦缺乏能量，治療過程中頭腦就無法順利運作。在治療後會建議可以吃飽喝足水分，讓身體有時間充分的休息。因為神經系統重整的過程可能會持續幾天。過程中可能會有一些不舒服的地方，可能會有幾天有比較明顯的情緒起伏，或是有幾天與人的互動會出現

平常沒有的反應，如憤怒；也可能會辨認出一些原本沒有辨認到的連結。如果有上次有未更新完成的記憶則要繼續進行歷程更新。

▼過去—現在—未來三叉通道取向

使用三叉通道建立時間線的主要原因是依據目前治療的核心主題，在來談者的生命歷程中，可以清楚地以過去的事件、當前觸發因素和未來可能會遇到挑戰的情境，以一個個條列出來而具體可見的方式呈現。

在EMDR基礎訓練手冊中提到，當過去與現在的記憶順利加以處理了，對未來的適應性因應也隨之發展。而何時針對過去記憶、何時面向目前觸發事件，以及何時進行未來藍圖，在訓練中也有提到一些參考，簡要列出一些參考的點。實際治療中，一樣有許多可能的選擇，但需要治療師依據當下的情境決定。

❶進行過去記憶歷程更新的時機：

- 目前生活相對穩定。
- 過去事件有侵入性的症狀干擾現在的生活。

- 來談者對自己或是對於治療有一些信念，阻礙了治療。例如：在做治療時，過去曾有人告訴自己「這個情況永遠不會好」。

❷ **對現在觸發事件歷程更新的時機：**

- 還沒有準備好處理早期的經驗。
- 想先感受成功處理的經驗。
- 來談者難以承受目前的觸發事件。

❸ **進行未來藍圖的時機：**

- 建立正向資源。
- 目前觸發事件處理後接著進行未來藍圖。
- 對於即將來到的事情有預期性焦慮。

目前EMDR在臨床上的應用，不限於原本創傷治療的範圍，在憂鬱、焦慮、強迫症等常見精神症狀的治療上也能夠加以運用。在傳統困難治療的情境，例如解離症、慢性疼痛、成癮也發展出相關的EMDR治療方式。

第二部

他們的故事：複雜性創傷來談者的治療歷程

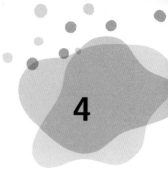

4

想要分手卻分不了的小愛

「我想要離開目前的對象，是個交往四年的男生，可是我離不開，就好像是我的報應。」

「我做錯了。」

穿越時空

在朋友介紹下，原本在醫院就醫的小愛來到診所。

小愛有著纖細的外型，穿著學生風格的衣服，背著後背包。如果沒有看到病歷，我不會懷疑她是大學生。

一開始，她是因為晚上會做惡夢，白天會有不真實的感覺，眼前的物品大小會出現變化，所以來身心科看診。

她說，從國小開始，因為班上霸凌的經驗，情緒受到影響已經很多年了。她已經大學畢業工作了幾年，生活中有其他更困擾她的事情，讓她想要嘗試心理治療。

「我想要離開目前的對象，是個交往四年的男生，可是我離不開，就好像是我的報應。」

惡夢、不真實的感覺，都是相當典型的創傷症狀，其中的不真實感，更是解離現象中的一部分。從她的敘述中知道，這些症狀至少從國小開始，屬於有經歷童年逆境經驗。因此，我在初步進行治療的時候，會以複雜性創傷的視角來切入。我利用從催眠演化而來的自我狀態治療（Ego State Therapy），來辨認不同部分的小愛。

自我狀態治療

這個治療方式的特點，是將許多症狀的呈現，概念化為不同狀態的自我，類似於大家比較常聽過的「內在小孩」。利用與不同狀態的自我來互動，從互動的過程中引發改變。不同狀態常見分為三類：其中一類是以不同的年齡做區分，可能有年輕的自己、現在的自己、甚至是年紀比現在要年長的自己；第二類是不同情緒狀態的自己，例如生氣的自己、憂鬱的自己；第三種類是負責不同功能的自己，例如人前出來社交的自己、遇到緊急狀態出來解圍的自己。

小愛的各個部分

從小愛的描述顯示，她自己很困惑，理智上也認同離開比較好，行動上卻挽留了對方。因此我推測，可能有些連小愛自己都還不了解部分的小愛。在此種情況下，我會使用自我狀態治療來介入。在接受前師大教授鄔佩麗博士的督導時，我自己常被問到一個問題：我現在眼前的，是哪個部分的來談者（或稱個案、案主）？我想要和哪個部分的來談者工作？隨著訓練和實務工作上的累積，這樣的評估和概念化，就成為我在工作中的反射動作。

根據自我狀態治療，我想要多認識不同部分的小愛。我們每個人都有許多不同的面向、不同部分的自我。當我們有機會認識越多不同部分的自我，就會對本來自動化的反應或是模式，多些意識上的覺察。我在這邊所使用的技巧，是類似喬治・福瑞澤（George A. Fraser）醫師所發展的解離桌技巧（Dissociative table technique）[1]。如果看過美劇《倒錯人生》（*United States of Tara*），女主角泰拉有許多不同部分的自我，會在會

1 這是創造一個想像中的房間，作為內在世界裡開會的地方。房間可以有門，讓需要隱私或安全感的不同部分自我可以選擇是否進入。建議房間裡可以有一張桌子和幾張椅子，讓不同部分的自我圍坐一起開會。桌子可以鋪桌巾，讓內在小孩可以藏在下面。不同部分可以各自挑選舒適的座位。如同一般會議會有主席，這裡也需要主席確保發言權平等尊重。從日常輕鬆話題開始。要認識每個部分自我的年齡、角色、功能，對每個部分表達感謝和同理。

議桌上彼此討論；如果學過完形心理治療，這也很近似「空椅法」[2]。

我嘗試邀請，看看有沒有哪些部分的小愛願意來參加「派對」。這有點像是我和小愛舉辦了一場派對，請長大的小愛當派對負責人，邀請其他部分的小愛一起來參與。這場派對有個很重要的主題：討論小愛提出分手時遇到的狀況。男友答應之後不久，小愛的態度就一百八十度轉變，請對方不要離開這段關係。這樣的狀況重複發生了好幾次，於是不只身邊的朋友不想管了，連小愛自己也感到非常困惑。

派對開始不久，十歲的小愛來到我們當中（以下稱皮皮）。皮皮告訴我，他表現得強勢，氣勢凌人，為小愛打抱不平，其實是想要幫忙維護小愛的權益。接著，十二歲的小愛（以下稱妹妹）也來了。妹妹告訴我，過去情境所帶給她的「我被拋棄了」的想法，與現在一起浮現。她很怕自己不被需要，她想要避免發生這樣的狀況。受霸凌那時很想要求助，卻沒有人可以或願意協助。

當不同年紀的自己出現的當下，我們容易連結到當時年紀所體驗到的感受。除了感受這樣的元素之外，有時候記憶中其他的元素也會有所連結。將過去經驗與現在的情境互相連結的情況，以身體創傷經驗療法的用語來說，叫做「過度連結」。

小愛很開放，願意在剛開始做治療的時候，就允許妹妹告訴我，發生在小時候的創傷經驗。然而，**治療的其中一個誤區，就是太快進入創傷經驗來做處理**。創傷治療工作者常常提醒自己的一句話，「Slow is fast.」，急事緩辦，就是我刻在鍵盤手托上，提醒自己的座右銘。

建立資源

治療概念中，相對於直接進入創傷，更安全一點的作法，是從資源建立開始。因此，我邀請小愛試著留意，從過去到現在的生命中，即使現在不一定還有聯絡，有沒有誰是曾經讓她有被支持的感受的。如果尋找不同年齡的小愛，就像是穿越到過去的時間裡，將困在當時經驗中的小愛邀請到現在來。尋找資源，相對的就是讓被困在當時經驗中的小愛，有機會到現在，開始連結到一些當時所沒有的資源或方法。也有一種說法，

2 空椅法是運用不同的椅子，請來談者表達出人際關係間的問題。例如來談者的問題為與太太相處有困難，則可先準備三張椅子，並請來談者從其中選出兩張，一張代表自己，另一張則代表太太。準備就緒後，可請當事人坐到當時與太太相處有困難的自己位子上，開始對另外一張代表太太的椅子說話。接著再請來談者來到代表太太的椅子上，以太太的身分做出回應。當對話告一段落，再請來談者坐到觀察員的位置，觀察當時的自己與太太的互動，是否有什麼新的想法或是發現。

是創傷療癒的過程其實是發生在現在。或者也可以簡單的想像為，**事先做好準備，穩定身心，才進入創傷的核心。**

小愛提到了幾位高中朋友、同事，可以連結到對方希望她好，感受到還好有這些朋友在。這些支持提供了相對於創傷漩渦的資源。

創傷的經驗，有時候是進行式，不只是發生在過去的經驗。這個時候，小愛正身處在最近事件的影響當中，可能沒有辦法在這個時間點回過頭去處理過去的創傷。

從現在開始改變

在第二次來晤談的兩週前，小愛接到男友傳來了一個訊息，令她十分難過。這裡需要稍加說明，在EMDR中，治療者會提醒來談者，即使他不說明具體內容，我們也可以處理。事實上，治療者常會在只獲得部分簡要資訊的情況下，就開始做治療。雖然小愛沒有直接說明這個訊息為什麼令她難過，但我當時的評估是，有與男友劈腿相關的訊息傳來。

在我和小愛碰面的過程中，男友仍然接二連三、不斷的劈腿。有一幕是小愛坐在房門口，接到手機訊息，一個人在流淚。會選定一個畫面，用意在於希望透過如同電影中令觀眾印象深刻的劇照，喚起事件相關的感受。在治療中設定的目標，**不是去改變事實，而是去改變自己，在這個事件中對於自己的想法，以及感受**。小愛設定的是，「**我值得別人對我好。這是屬於自我的信念，掌控權在自己的手中。**」我請小愛試想，如果離開晤談室，未來腦中還是出現這一幕時，想要告訴自己什麼？或是想要相信自己是一個什麼樣的人？藉此，請小愛設定自己想要的目標。

小愛一開始進入這個事件的歷程更新時，會感到比較難呼吸，這讓她連結到一些過往對方暴力對待、因對方而染病等經歷。每回合的雙側刺激結束時，我會請小愛告訴我，是否有注意到什麼？在這邊無論注意到些什麼，其實都讓我可以對小愛的內在歷程正在經歷的有一點了解，比較能知道歷程更新是否持續進行，或是卡關了。即使從最近的經驗開始，在歷程中都可能會連結到過去的記憶網絡。畫面可能會因此從原本的畫面，跳躍到不同事件或經驗中的畫面。等到憤怒出現，小愛開始有了一些改變。當小愛開始允許自己可以憤怒的時候，她想要告訴四年前的自己：「**幹嘛那麼委屈？**」

第二次晤談之後兩週，原本的畫面有了改變：她從獨自哭泣，轉變成腦海中有一個想像的畫面縈繞不去，那個畫面是她收到訊息之後，想像對方與其他女性擁抱的畫面。

EMDR的歷程更新，就像是運動之後有後燃反應，記憶中的元素在離開晤談之後，仍會隨著時間變化。

在進入記憶更新的步驟之前，我嘗試請小愛找尋對應的資源。這邊的資源，是請小愛設想如果遇到這樣的情景，有什麼可以支持她或是幫忙她的。小愛告訴我，她相信宇宙有一股力量，就像《秘密》這本書所介紹的，或許能幫助她。

「我有一天，會離開這個人，過得很好。」

從一開始進入治療，小愛感覺到胸口緊繃、呼吸短淺。隨著眼動的過程，她的呼吸逐漸變得輕鬆，甚至放鬆到想睡覺，之前描繪的那些畫面逐漸想不起來。然而，這時小愛又出現了些許變化，她開始注意到很多與媽媽有關的畫面。但在這個時候，小愛決定先不想處理。

在接受澳洲老師Siggy的EMDR訓練時，他很強調要請來談者一起整理出臨床樣貌（Clinical Landscape）。所謂的臨床樣貌，就是將同一主題相關的所有事件，從最早發生的第一個事件開始，逐一列出相關事件。同時間可能有好幾個不同的主題，因此會有許多事件，分門別類的出現。後續接受不同老師的訓練時，我也學習到不同的做法。例如珊卓．葆森（Sandra Paulsen），她認為列出所有事件的做法，對於複雜性創傷的來談者，不可避免地會可能在整理經驗的當下，不自主的滑入創傷經驗，造成困擾。二〇一九年在跟小愛一起工作時，我還沒有那麼多不同的學習，因此，當時採用的是將臨床樣貌整理出來的做法。

人生如戲

我與小愛一起整理了臨床樣貌。有些事件看似細微，但對於童年時期的孩子來說，卻留下了影響。在這些事件當中，小愛最早還有幾個幼兒園時期的記憶：像是在麵館看到了在播A片、父親作勢要體罰、父母在醫院爭吵的畫面。其中有些類似的互動會反覆出現，像是小愛在難過時，母親往往回以「**沒辦法，妳到底要我怎麼辦？**」就像小說會有伏筆，在我們真實的生命經驗當中，這些過去就如同伏筆留下了紀錄。

如同歐普拉在《你發生過什麼事》中提到，成年後她在自宅晚上莫名的恐懼，竟與童年目睹奶奶被失智症的爺爺掐住脖子有關。**記憶有時以邏輯難以想像的方式加以連結**，即使我們不了解，卻像是寫作中的伏筆與照應，不著痕跡的串起了多年前的事情與現在所發生的情況。

如果只是以成人的觀點來看，看A片、孩子被體罰、父母爭執，這些事很嚴重嗎？我相信至少有一些人會覺得這沒有什麼。借用黃素菲老師《敘事治療私塾學堂》中介紹的「外在敘事」、「內在敘事」、「反思敘事」說法，故事細節、相關人事時地物屬於外在敘事。小愛所描述記憶內容（大部分屬於外在敘事）之外，另外重要的共同部分是父母如何協助孩子來辨認情緒、表達情緒、調節情緒。而感受、情緒、信念屬於內在敘事。**即使所記得的外在敘事相同，但記得的內在敘事多少會不完全相同。**如果父母能夠了解這樣的差異，就不會以自己主觀的感受，直接套用在孩子身上。這不只跟父母與孩子之間的依附關係有關，也對孩子發展如何與自己的情緒相處，對自己有什麼樣的想法有關。最早提出依附理論的約翰·鮑比（John Bowlby）、發展出「安全基地」概念和嬰兒依附理論的瑪麗·愛因斯沃斯（Mary Ainsworth），以及後續許多學者都在這方面有許多的理論及研究，足以說明其重要性。

依附理論對理解人際關係和個人發展非常重要。依附理論中提到四種依附類型：安全型、迴避型、矛盾型和混亂型，每種類型反映出個人在親密關係中不同的表現模式。依附類型會影響個人如何建立和維持親密關係。個人的依附類型會受到早期照顧者的影響，但也可能隨著人生經歷而改變。如果缺少了這樣內在的歷程，不同的時間裡，不斷重複的感受，孩子在長大成人的過程中，會逐漸形成與感受有關的意義。例如：這對媽媽來說沒什麼，那我的心情為什麼會這麼受影響，是不是我很脆弱？是不是我的錯？

是我做錯了

原本擬定的臨床樣貌，因為小愛的媽媽想要離婚這樁突發事件而有了改變。小愛聽到消息之後，感覺到心煩，覺得自己必須做點什麼，卻又很無力。

在親子關係中，有一種現象是反向的依附（reverse attachment）。也就是相對於一般由父母來照顧孩子，孩子反過來照顧父母親，甚至想替父母去承擔原本父母自己要負的責任。為人子女者覺得必須為父母親的婚姻做些什麼，也就是在無形中把父母親的關係視為自己的責任，而這些過度承擔的責任，常常又觸動許多不舒服的情緒。

媽媽想要離婚的突發事件佔據了小愛的心思。於是我們就先從最迫切要面對的經驗來處理，期望能夠給予小愛情緒和思緒上的支持。我們先處理想像未來要面對父母當面談離婚的畫面，這時小愛腦中的畫面開始轉換，出現了許多以往父母在家裡激烈爭吵的情境。小愛在感到緊張的同時，留意到自己出現一個想法：「**我做錯事了。**」

EMDR的資深治療師吉姆．奈普（Jim Knipe）分享過一個在土耳其大地震後協助當地孩童的經驗。當時，很多孩童來找心理師協助，其中有許多孩子不約而同地將大地震的發生怪罪在自己頭上：「**我沒有寫功課，才會發生地震。**」、「**我沒有聽爸媽的話，才會有地震。**」相對於不管有沒有寫功課，地震都可能會發生的現實，孩子們更傾向於認為**發生不好的事情是自己的責任**。

新舊模式並存

小愛與重要的人互動中，產生親密與連結，其中伴隨著「**是我的責任，我做錯了**」這樣的信念。我們開始設定新的信念，嘗試重新組織神經系統中對於與重要的人原本的溝通和互動模式，這樣的工作常常需要一些時間。所謂的模式，以不同的治療學派來說，有各種不同描述方法，例如薩提爾模式將溝通的應對姿態分為：指責型、討好型、打岔型、超理智型。在治療中，我會試著觀察，也邀請小愛自己觀察，她是否與特定的人相處時有特定的互動模式。

這裡所說的模式可以透過以下問題來嘗試了解：如果在國外旅行時，看到一對陌生的夫妻在吵架，旁邊有個孩子。如果語言不通，不知道夫妻在吵些什麼，作為一個路人，會覺得夫妻彼此關係的維繫是誰的責任呢？我猜測，大部分的人應該都會說，應該是那對夫妻自己的責任吧！但是，從小經歷複雜性創傷的來談者常會在依附關係當中，內建有負面的自我信念。在這邊，小愛內建的就是，與父母的互動關係當中，即使理智上知道父母親的關係經營是他們自己的責任，但是會因為她在內心也同時告訴自己：**這是我的責任、我做錯了什麼**，所以在父母的關係之中，除了父母會想要小愛居中調節，小愛自己也會認為協調父母的關係是自己的責任。同樣的，在與男友的關係中，她理智上知道男友劈腿是他該為自己的行為負責，內心卻也同時覺得是自己做錯了什麼。

回到家裡之後，小愛努力維持表面上一切正常，不讓媽媽知道自己已經從爸爸那裡知道她想要離婚。與表面正常不同的是，她的心裡既生氣又焦慮，更無奈於自己無法處理這些事情。「**我做錯了**」的想法，在這當中也沒有缺席。好消息是，即使本來的負面想法仍在，小愛開始有「**這不是我的錯**」的想法，她嘗試相信自己，不是自己的錯。

處理過去的經驗，其實不是要改變過去，而是希望現在有更好的生活品質。而在達到目標之前，需要一點一點地累積改變。

接下來幾個月，小愛大概每個月來晤談一次。小愛很努力地在生活中找尋一些協助情緒調節的資源，這些資源有時候不只是人，比如她有一隻兔子，與兔子的互動也帶給她平靜的感覺。小愛在與男友互動的過程中，原本覺得自己不夠好，現在開始設定一個自我認同的目標：**相信自己本來就是好的人。**

健康的憤怒

憤怒，在治療過程中常常扮演重要的角色。憤怒是交感神經系統被活化時其中一種常見的情緒，通常是在我們受到威脅、感到委屈的時候，系統自動啟動，想要用來保護自己。因此，若能夠善用憤怒的能量，就可以更好的保護自己。

小愛男友曖昧的對象對他發脾氣，她似乎認為小愛破壞了他們的關係，這時小愛的男友做了一件很過分的事情：他竟然要小愛向他曖昧的對象道歉！小愛即使知道是男友錯了，她的「**我做錯了**」的想法，仍然在這個時刻出現了。

創傷治療要避免積極想像

要把情形描述得更清楚，是一個做創傷治療中可以留意的重點。在接受EMDR訓練時，被提醒避免去積極想像來談者所處的情境，可以避免替代性創傷。因此在評估創傷事件時，我不會請小愛太詳細的描述人事時地物。

小愛在認可自己的憤怒，更相信自己沒有錯之後說，「憤怒讓我相信自己沒有錯。」接著而來的是放鬆，以及平靜。小愛告訴我，現在她比較知道皮皮為什麼憤怒了。在歷程更新的過程中，常常會有一些金句，讓我在治療過程中學習到許多。

不認識的自己出現

小愛得知媽媽打了爸爸，她一方面生氣極了，一方面又有種麻木的感覺。人在瀕臨崩潰的時候，往往需要一個可靠的人。諾亞就在這個時候打破沉默，出來面對家裡的事情，協助小愛不失控。諾亞是除了妹妹和皮皮以外，另一個出現在小愛內在世界中的夥伴。

內在不同的部分中，有些負責特定的任務，需要出任務的時候，負責特定任務的夥伴可能就會現身。我常會詢問來談者一個問題，「在自己處於順境的時候，這些夥伴會出現嗎？」得到的答案常常是否定的，原因是順境的時候，這些部分沒有需要執行的任務。（當然，還是有些例外。）

找出問題與治療的關鍵

小愛男友又傳來令她憤怒的訊息。有時候，創傷經驗會讓生活中看似微不足道的動作，觸動後面連結的地雷。

好消息是，小愛與不同部分有內在的溝通。皮皮依然覺得憤怒，妹妹很緊張，長大的小愛覺得很不舒服。

EMDR更新的歷程之中，會促進來談者的內在自我對話，比如小愛的內在自我對話中出現：

「妳可以掌控。」

「妳也懷疑自己做得到嗎？」

皮皮：「我討厭現在的男朋友。」

妹妹：「不會有人再愛我了，不行沒人愛。」

在小愛的自我對話中，我的工作就像是拿著捕蟲網，在其中抓取重要的資訊。妹妹透露了其中一個重要關鍵，也是她沒有辦法離開這個男友的**隱性原因**：如果放掉了這個男友，就不會再有其他人愛自己了。這與有一個讓自己不舒服卻有機會感覺到被愛的男友，哪一個比較可怕呢？如果只能二選一，該怎麼選擇？

收到媽媽傳來的想要跟爸爸離婚的訊息之後，小愛的失眠變得更加嚴重，上班時間出神得很厲害，甚至需要請離職同事回來幫忙處理一些事情。在來晤談的前一週，小愛還與男友一起出遊，而妹妹最近暫時都沒有去想「會沒有人愛我」這件事。

在治療中，有時候來談者會打開一絲門縫，允許我瞥見一點關鍵的核心，但這樣的機會並不是每次都有。人們大多會避開讓自己感到不舒服的情境，這是常情。在生活中，避免去思考、觸及核心的議題，也再自然不過。

到了治療時間，有時候得違反人性，為了想要達到的目標，做一點努力。有畫家告訴我，做畫是一件痛快的事情。創作的時候痛苦，完成作品的時候愉快。或許治療的歷程，也有點相似吧，只是要以更溫柔的方式來進行。「太快了」，是我在剛開始學習以EMDR治療創傷，接受督導時，反覆被提醒的。這邊的太快，可以看成是找到創傷之所在，很快要進入創傷記憶的歷程更新。但是在這個關鍵點，我的判斷是我跟小愛已經建立了一段治療關係，我相信她對我有一定程度的信任，是時候來處理關鍵了。

我和小愛以「沒人會愛我」做記憶回溯，來到她十二歲的時候。下課時，小愛的旁邊有許多人，但是都沒有人要理睬她。

「我值得被愛。」

即使發生過的事情不會變，但留在身上的痕跡是可以轉變的。就像學習過程，孩子一開始學習語言，可能從發出一些近似的音調開始，慢慢的，發出來的聲音越來越準確，字彙越來越多。一點一滴，小愛開始讓自己學習愛的語言。

做創傷治療的老師蘇澤特・布恩（Suzette Boon）曾經說過，**治療者的角色就像是副座駕駛，提供一些可能的路線地圖與協助。主要開車的還是來談者自己**，有時候駕駛怎麼開，路上會有什麼風景，不一定是副駕能夠預期的。

在與內在不同部分自己的互動中，小愛逐漸更加了解不同的自己。有一天，十歲的男孩告訴小愛，他叫做皮皮。（前面為了閱讀上比較容易，因此以皮皮稱呼。事實上，在治療的歷程當中，是到了這裡，我才知道原來十歲的小愛，叫做皮皮。）還有一位只有一～二個月的小小男孩，青蛙波介。

隨著波介的出現，小愛的記憶被帶回幼兒園時期。小愛說她記得自己當時既害怕又緊張，與同學都沒有互動。與外在沒有互動不同的是，她的內心有著想要被注意的需求。但是內心的空間中，空無一物，只有自己一個人，沒有人陪伴。

雙側刺激的練習，除了運用在歷程更新中，也可以用在促進內在不同部分之間的自我對話。小愛想要告訴波介，「**我們都在，我可以陪伴我自己，可以一起找尋快樂。**」

大家也可能會好奇，怎麼會有性別與自己不同的部分？我們比較常聽到的是，因為年齡不同而指稱的內在小孩。其實，性別可能不同、甚至不一定是人，都可能在內在的不同部分出現。如果以象徵的形式來理解，或許比較能夠接受各式各樣的「我」（甚至

「不是我」）的可能性。

對另一個人的喜歡

小愛提到，她最近遇到一位男性，他很有自己的想法，帶著成熟穩重的特質，相處起來很自在。遇見這位，她心裡有著一份喜歡。小愛在心裡有一個空間，牆上有著壁爐，裡面正燒著一些柴火，小愛心中不同的部分在爐火旁彼此討論。

諾亞：蠻好的。

妹妹：喜歡，但也很怕被拒絕，不想再失戀。也還是喜歡男友。

在與創傷的工作中，有時候需要先圍繞著創傷工作，而不要直接向創傷經驗長驅直入。在創傷核心周圍，常有一些圍牆保護著創傷核心，讓它不容易被直接碰觸，也保護著生活得以避開創傷的影響。

害怕、情緒，正是一道圍牆，可以協助小愛避免再度受傷，但代價是少了一些可能性。即使想要避免受傷，小愛還是注意到了男友傳來要出去過夜的訊息，而且她還發現他與令她介意的人一起去露營。

治療中有一些時間點，需要我們優先處理現在的緊急事件。但是也要注意，如果只處理當下層出不窮的突發事件，那就像一直在修剪枝葉，卻沒有連根拔起，只會春風吹又生。

從露營的畫面，小愛的記憶再一次回到小學五年級。那時她在學校被老師打了一巴掌，一週之後，她轉學到新學校。小愛印象最深刻的是，原來的班級有群女生不跟她一起玩。接下來的治療，我嘗試用會占用更多工作記憶的 EMDR 2.0，來處理影響深遠的關鍵經驗。占用更多的工作記憶，可以限制小愛在意識層面對於創傷相關經驗的暴露量。這樣做的好處是，痛苦的感覺有機會更少，就像生產，除了自然生產，也可以選擇無痛分娩。

保護者出現

一個月後，我跟小愛再次見面，她原本前額會發麻的情況有好一些。但是妹妹晚上不想睡覺，想要玩。

除了處理創傷經驗，在過程中也常常要回到穩定階段，協助不斷在變化中的身心狀態穩定下來。成年的小愛白天需要工作，但也要尊重妹妹想要玩的想法。除了心裡原有的彼此相處的空間之外，小愛也嘗試創造一個屬於妹妹的空間，讓妹妹晚上可以在她自己的空間中活動，而小愛也有屬於自己的空間而能比較好睡。

▼事隔半年

半年後，我和小愛再次見面。小愛原本清瘦的身材，加上一點打扮，從一開始大學生似的模樣，多了一點上班族的味道。不只外貌改變，小愛現在與兔子、青蛙、小蛇一起生活。在職場上，她也有聊得來的同事，在工作上會互相支援。

為什麼時隔半年才又見面？其實是因為當時處於臺灣COVID疫情很緊張的狀態，雖然前一年中我已早早申請了通訊諮商，但遲遲沒有下落。許多來談者面臨要冒著風險來診所，還是要自己在生活中先撐一下的兩難選擇。

小愛的生活似乎過得穩定也更豐富。不變的是，她的男友還是不停做出讓她傷心又難過的事情，她依舊在盤算著要與男友分手。

但小愛的腦海中一直迴盪著一句話：「**做不到。**」

隨著治療歷程，可能會有一開始沒注意到的部分逐漸現身。不變的是，每個部分都是來幫忙的。我和小愛的工作要做的其中一件事，就是辨認每個部分所負責的工作。這個聲音想要提醒小愛：**先觀察看看，不急著去做**（不用回答問題、不急著解決事情）。

先從聲音開始，接著小愛有一天開始在心裡可以看見這個聲音的形象，那是披著長髮，眼袋明顯，看起來很憔悴的小姐，年齡落在二十出頭。身材瘦弱，衣服也很樸素，小愛為了協助我想像，還快速畫了一張小姐的圖給我。如果我和小愛在晤談室，這位小姐就像置身晤談室外，她並不想與人互動，只是默默地觀察，像是一個保護者。

▌小愛畫給我參考想像用的「小姐」。

保護者常常出現在我們小時候，年幼而無法處理眼前的事情，因而發展出一個可以應對這個情境的部分。我推測，這個保護者的保護機制不是戰／逃，而是以不作為的方式來應對，很有可能是童年發展出來的。相對於戰／逃，這樣凍結的方式，讓我們可以減弱對現在環境的感受，變得比較麻木，比較沒有感覺，也是常見創傷中，解離的一種樣貌。

這些保護者常常專注於自己的任務，不知道現在成人已經有了當時沒有的資源。我請小愛可以跟晤談室外的小姐分享，現在她已經成年，不只可以照顧自己，也可以照顧一群動物，也願意分擔這項保護自己的工作。小愛在心裡做了邀請，請小姐進來，坐在她右手邊的沙發。

▼關鍵的想法與邏輯腦無關

這一次，小愛從在手機裡打好要向男友提出分手的訊息但傳不出去的畫面開始。借用這個畫面中所攜帶的能量，她順著時光的溜滑梯，通往過去。小愛首先辨認出一個發生在許久以前的畫面：自己伸出雙手，遞出信或字條，她帶著不解、疑惑、難過、有點恐懼，覺得自己被拋棄了。

不用我特別說明，小愛就發現自己這樣的想法與她的邏輯判斷截然不同。創傷中所記得的資訊，可能是由邏輯腦之外的其他腦區（情緒腦、爬蟲腦）所儲存。造成困擾的，是其他腦區與邏輯腦之間，有時候彼此並未互相溝通。EMDR雙側刺激的其中一個治療效果，就是讓不同腦區之間的資訊可以打破隔閡，產生整合的體驗。小愛知道它（以前她無法取得協助的許多事情）已經過去了，只是被拋棄的感覺留了下來。「**我是快樂的**」，這是小愛想要在未來想到這個畫面時告訴自己的。這點完全出乎我的預期，但是治療中有趣的一個地方，就是有很多原本意想不到的發生。

關鍵記憶

iPhone上市之前，周邊商品的店家都要開始動起來，小愛的工作也進入忙碌階段。小愛希望能夠當面告訴男朋友，想要跟他分手。說不出口，是她在碰到男友時出現的狀況。說不出口的同時，小愛注意到了一個熟悉的、做錯事的感覺。順著這個感覺，她回到了小時候拔牙回家後，她告訴媽媽自己的傷口很痛。而媽媽在不同的時間都有著相同的回應：「**不然要我怎麼辦？**」

這種做錯事的感覺，讓小愛凍結了，沒有辦法去做理智上想要做的事情。在當時，可能這樣的反應幫助小愛可以繼續待在媽媽身邊。但是現在，也阻礙了小愛結束一段不適合自己的戀情。讀者或許有注意到，「**我做錯了**」，是之前小愛曾經處理過的。有時候，關鍵的記憶會在不同的時間再度回來。類似於清創手術，同樣的傷口可能需要清創幾次，才會越來越乾淨。

處理了關鍵記憶，小愛理了一顆像是黛咪．摩爾在《魔鬼女大兵》中的大平頭。她約了男朋友出來，當面提出分手。他們順利地分手了，小愛卻感覺自己像是要死掉了……。

詢問之下，原來現在成年的小愛和十二歲的妹妹都有這樣的感覺。對小愛來說，這個感覺並不陌生，過去在很多不同的記憶中，都曾經出現過。在這些記憶之中，上一次的拔牙記憶也在其中。舊地重遊，小愛注意到了不一樣的面向：「**我很無助，沒有人可以幫我。**」

羞愧是我的安全地

「**我做錯了**」、「**我很無助、沒有人可以幫我**」，這兩種想法，哪一個比較可怕呢？我想，多數人會覺得後者比較可怕吧！是的，所以為了避免面對比較可怕的想法，我們往往會去注意前者，無意識地忽略後者。創傷治療就像剝洋蔥一樣，一旦將外層剝開，裡層要面對的，就是更痛苦、更核心的部分。

安頓了要死掉、想要傷害自己的感覺之後，我和小愛一開始設定的目標算是達成了。後來小愛仍然為著睡眠問題以及家裡發生的情況，來跟我碰面。不久之前，小愛告訴我，她交了新的男朋友；她也曾在出遊時，到過前男友的店裡喝咖啡，跟他聊上幾句。即使生活中曾因為彼此的關係而困擾，但現在好像都過去了。

細心的讀者可能記得前面提過，小愛曾經有一個覺得相處自在的男士。新男友是同一位嗎？不是。找到一位相處自在的伴侶，是否對治療歷程有益？這是一個很好的問題，也是在接受住院醫師到剛成為主治醫師階段，我曾有過的疑問。

在EMDR訓練中，建立資源的階段，其中有一項是關係上的資源。在這個階段，我會邀請來談者，試想在生命中，是否曾經有過讓自己感覺到被支持、被保護或被照顧的一段關係。許多人會很快告訴我，前男友、前女友或是某位家人，曾讓自己有過這樣的感覺。鄔佩麗教授總會笑咪咪地告訴我：「不行」，因為這些關係中難免有些讓人不愉快或是難過之處。我也試過幾次，效果總是不盡理想。因此，現在若要借用關係中的資源，特別是伴侶關係的資源，我總會特別小心。

5

不想回家的阿光

「我覺得我沒有辦法達到家人的期待……」

「我想要自在的做我自己。」

阿光第一次來心理治療時，就將最困擾他的問題告訴我。阿光注意到自己沒有動力去改善與家人之間的關係，隨著爸爸過世，原本不想面對的家庭關係，又以一種無法逃避的方式回來了，導致現在的生活和工作受到了影響。

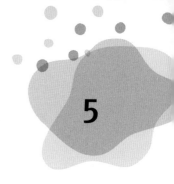

家族關係

阿光以前在劇組工作過一段時間，現在則在自己的粉專創作畫圖，同時在動物醫院擔任助理，替自己的創作找尋一些靈感。即使創作是自己想要做的事，在動物醫院是要找尋靈感，但他現在不管做哪一項都無法認真投入，甚至還會覺得上班很煩。

初次會面的評估當中，在評估家族史項目時，我請阿光用一～二個詞來形容家人的個性，以及與家人的關係。這樣做，是在初步了解家庭關係之餘，不會一下進入到太多的深水區（我會形容一下子觸動到難過的記憶，就像一下子就踏入了游泳池的深水區）。

阿婆：前幾年跌倒之後過世了。有活力、刻薄、仔細。

父親：負責任、不好笑、有活力。

母親：聰明、情緒不穩、奸詐。

前一年年底父親中風，第二年父親過世了。阿光從高中離家去外地讀書，媽媽會向在外地念書的他哭訴大姊出櫃了。也就是從那個時期開始，阿光減少了與家人的聯繫。父母對阿光的期待是，念完大學當公務員。阿光在大學時期改變了自己的生涯規劃，因為他有自己更想做的工作。他一方面覺得對不起家人，自己不會完成父母的期待去考公務員，另一方面也覺得自己受到了委屈，父母不顧念他想念美術班、從事藝術相關工作的心情。

阿光的思緒很敏捷，在我對他介紹了時間線之後，他很快有了回應。他提到國中畢業前曾經想要讀美術班，美術班考試當天，媽媽沒有叫他起床，以致他耽誤了考試，令他感到憤怒。

在阿光告訴我這個對他是很關鍵事件的當下，他沒有被憤怒淹沒，對我來說這是一個好消息。當我們可以碰觸一點點創傷，但不會馬上被帶走，這對於後續要處理創傷記憶，可以說是必要條件之一。

德國醫師，也是EMDR培訓師的阿恩．霍夫曼（Arne Hofmann）提到在創傷記憶處理前的四個考量：

❶現在的生活中是否有眼前巨大的危機，忙於應付而無暇處理過往記憶。

❷在建立安全場時[1]，是否能夠「感受」到正向的感受。相對於能夠花一點時間，享受正向的感受，如果很快就會從正向的感受超連結到負向經驗，有可能不足以作為一個得以來回穿梭在創傷漩渦的安全錨點。

❸當進行步驟❷，有正向的感受時，嘗試想一個有點困擾的經驗，看看是否能夠協

助減輕困擾的感受。

❹在簡短討論要處理的內容（例如過去的創傷經驗），是否仍可以保持對於此時此地的定向感，身心不會超過容納之窗[2]。

結構性解離

我邀請阿光試試看，有沒有什麼過往經驗中的資源，可能對於自己提到的這個事件會有幫助？阿光告訴我他曾經在華納參與拍片，對他來說，那是一個有趣的工作。順著阿光描述的這個有趣經驗，我請他追蹤自己的身體，是否可以在哪些地方感受到這份有趣的感覺。阿光告訴我，他感受到有一層厚厚的、麻木的感覺，沒有辦法感受到那份

1 安全場（Safe Place）是一個在治療過程中建立的心理空間，目的在幫助來談者面對壓力和不安時獲得心理上的支持。這個地方通常是個人化的、可以感到平安和放鬆的場所，可以是現實生活中的某個地方或是想像出來的地方。

2 「容納之窗」（Windows of Tolerance）：由丹・席格（Dan Siegel）在一九九九年提出的概念，指的是個人可以舒適地體驗、處理和整合情緒經驗的範圍。處於「容納之窗」內的時候，我們可以感到穩定、靈活、開放、好奇、專注，並能夠調節自己的情緒和反應。

有趣。對我來說，這個現象就是在告訴我，他還沒有能在連結資源時，感受到正向的感受，這是一種解離的現象。

我向阿光介紹了結構性解離[3]。結構性解離，指的是我們的身心分成兩個「部分」。分別是看似正常的部分（Apparently normal part），協助我們可以維持日常生活，避免接觸創傷。另一個部分，則是情緒部分（Emotion part），承擔過去創傷經驗中的情緒、想法、感受。

從這樣的架構來看，對於阿光在家裡不想做自己的事情，我的初步評估是他有一個羞愧的情緒部分，以沒法做自己事情的方式來呈現。阿光也注意到，相對的經驗，就是家人要求他回去老家幫忙，就會沒有那麼愧疚。我初步的感覺是，這份愧疚似乎是在保護著什麼，也拖延著阿光的腳步：原本阿光來臺北，是想要能夠有所發揮，做自己想要做的事業。

不記得

阿光告訴我過去有很多經驗不記得了，但是記得很多次——母親賞他巴掌。

「不記得了」，是我在做創傷治療中會捕捉到的關鍵詞，讓我會猜想過去有些記憶的片段可能遺失了。再加上阿光用著像是在敘述其他人故事的方式，講述著自己成長過程與母親互動的經驗。我邀請他以資深EMDR治療師吉姆・奈普所發展的評估方法「頭後部自我觀察量表」（Back of the Head Scale，請參考下頁圖片說明），來評估投入在治療室與治療師交談、互動、覺察房間內當下情況的程度。這個方法是以手臂的前後當作一個量尺，當手伸直在最前面的時候，代表是現在可以專注的眼前的互動，很真實地感受到此時此刻的發生，不會被其他的事情、時空、人物將思緒帶走。相反的，如果將手放在耳朵後面，則是代表只有理智上知道現在正在診間，實際上則感覺自己處於另外一個時空，思緒在想與眼前無關的事情，與此時此刻的現場感受有些距離或是隔閡（可能陷入某一段記憶）。

---

3 結構性解離：最早是由荷蘭及美國心理學家奧諾・范德哈特（Onno van der Hart）、埃勒特・奈傑豪斯（Ellert Nijenhuis）、凱西・史提爾（Kathy Steele）提出的概念，用來解釋解離性人格疾患以及其他形式的解離疾患。結構性解離是人在面對痛苦與威脅時，所採用的一種應對策略，將所感受到的痛苦與威脅在心理與生理上隔離開來，避免直接面對它們。結構性解離隨著解離程度的不同，也可以出現在其他的精神疾患，例如憂鬱症、創傷後壓力症、邊緣性人格疾患……。

「一半一半，」阿光告訴我他目前的狀態，他有一半的注意力跟我在一起。我好奇的詢問，另外不在這裡的一半可能去了哪裡？管理員出現了，他告訴我他負責維持秩序，不能再往阿光的內心進去了。

就在這時候，似乎有記憶的片段出現了。

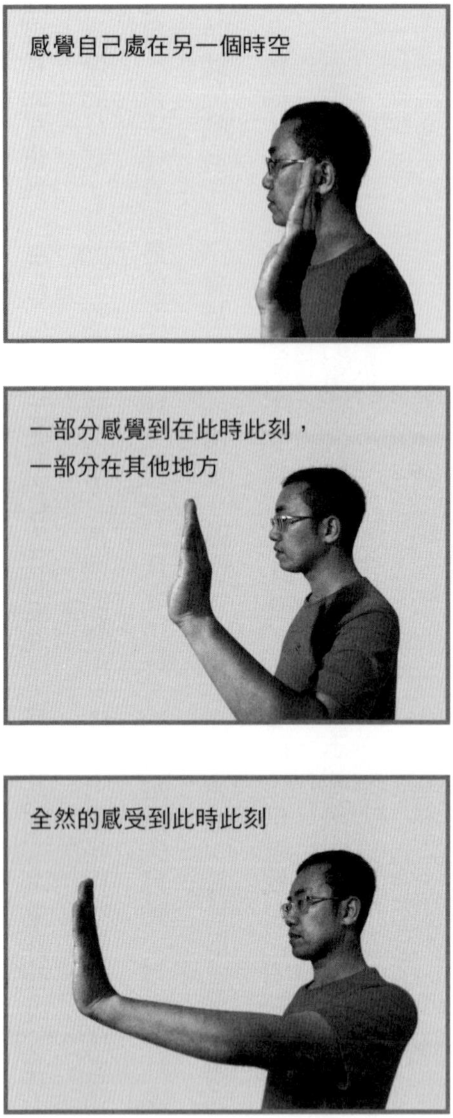

▌頭後部自我觀察量表。

出現了記憶片段

阿光告訴我，有一種空虛的感覺。小時候的阿光沒有自己的房間，甚至沒有買給他的衣服，他總是得撿兩個姊姊穿不下的。而他的二姊，從很小的時候開始，就嶄露了藝術天分，就讀美術班，家裡甚至有專門用來存放姊姊國畫的房間。「不公平」，是阿光對於記憶出現的想法，也聯想到自己**常常強調公平**。

阿光在二、三年前，曾經應父親的邀請回到花蓮創業。沒有想到，當他找好創業地點，一切準備就緒，要開始屬於自己的動畫事業時，爸爸卻縮手不願意再支持了。

在創傷的治療當中，有時候是邊做治療邊進行評估。對於管理員出現，接著出現一些記憶片段，我當下的評估是，可能管理員想要測試我能做什麼。就像模擬考，先評估一下學生目前的狀態，大致的落點在哪。我決定拿起這張考卷，試著作答。

在花蓮創業事件中，有一幕令阿光印象深刻，那是在創業地點的客廳。他和女友、一個朋友、貓、狗一起，正在製作逐格動畫。在評估這一幕的感受時，他一開始感到開心，但很快就覺得這樣的開心是假的，是不踏實的；以及女友相信作品很棒，阿光卻不相信。

我請阿光試試看，有沒有什麼資源是可以對這個事件有所幫助的？他告訴我，他製作過的作品曾經公開播映，可以在電視上看到。一方面我看見了阿光有能力，很快地找到相對應的資源，另一方面，從現實的角度來看，阿光的能力在電視圈、媒體業是有受到肯定的。

當阿光聚焦注意力到這個事件，我們開始進行EMDR中的歷程更新。以下為歷程中所記錄的幾個片段：

阿光：很難想（這個）事情。

阿光：房子的光感覺不太舒服。

阿光：浪費又拮据。對於當時太天真有些內疚感。自己可能是錯的，憑什麼說服別人。

阿光：慌張來自於不確定會不會成功，最快的方式是用騙的。

阿光：爸爸在練氣功之後，身體比較好，對於性的需求增加了，爸爸去找半套的性服務被發現，沒有人支持爸爸（有性需求）。懷疑這是否與之後爸爸身體又開始變得不好有關。

阿光：有一份對於爸爸的了解，爸爸當時即使在生病，也試著關心家人。對於媽媽那邊……仍是一團……不清楚。（管理員不准進去那一邊。）

從一開始進入創傷記憶有困難、不舒服，阿光在歷程中逐漸能夠對當時經驗中的自己拉開距離，能夠觀察自己當時自己的狀態、觀察爸爸的狀態，從而能夠對於這個記憶賦予自己不一樣的意義，從爸爸不支持自己創業，到爸爸即使在生病，也仍然嘗試關心家人。

餐桌上的愛

除了接受心理治療，阿光也同時接受門診的藥物治療。在藥物輔助下，他放鬆了一點，想到要回老家的不舒服也減少了一些。在某次心理治療的一開始，我追蹤了從前一次的治療到這一次之間，阿光的生活中發生過什麼事。這可以協助我知道後續變化，對這次治療的內容安排也會有幫助。

前一次回去之後，阿光的記憶中出現了有男性長輩要自己快吃掉飯菜的回憶。在面對長輩的期待時，阿光命令自己再撐都要吃下去。在阿光的心裡，似乎有個清道夫邊哭邊執行「努力吃」這個工作。

記憶的片段來到阿光家裡的客廳，那是午餐時間。那個時刻爸爸和奶奶在外面開店，媽媽在廚房裡面。這個片段不只有畫面，也有聲音。記憶中，媽媽說：「**吃好快，好棒！**」阿光留意到自己想要得到媽媽的肯定，努力把飯菜吃光。一方面心裡也納悶著，自己好像沒有價值、自己的存在可有可無。相對於原本的負面自我信念，治療中阿光設定了目標，**想要了解自己要什麼，想要肯定自己的需求**。

在評估這個記憶片段時，開始出現一些別的片段。其中一個是跟乾媽、乾爹、全家一起去吃吃到飽。當時他吃到吐，吐完回來又繼續吃。記憶中也伴隨著乾爹的一句話：「你們都太浪費。」接著出現的，則是奶奶煮內臟，煮到湯汁冒泡，自己仍然勉強吃掉。進入記憶的歷程更新時間，思緒繼續奔馳。

阿光：那時吃完就要趕快去剪檳榔。為了想留在飯廳久一點，想要跟媽媽有互動，自告奮勇要吃完。

阿光：吃完、洗好碗時，是自己唯一會被媽媽稱讚是好兒子的時刻。

阿光：姊姊可以選擇要吃或是不吃，但是剩菜會影響媽媽的心情。想要讓媽媽開心，把自己不愛吃的東西吃完，吃的過程沒有記憶。

阿光：長大的自己知道媽媽其實要的是爸爸的稱讚和婆婆的肯定，媽媽知道你愛她。

阿光：媽媽喜歡外食，我也喜歡，六人份的菜不是我的責任。

在記憶更新的歷程中，阿光逐漸整合不同於孩童時期的成人觀點到記憶中。前面的談話中，可以感受到一些混淆，因為記憶更新的歷程中，來談者的觀點會開始改變，混淆有可能就是感受到從前面到後面來談者開始變化了。這是治療過程中我個人覺得很有意思的時刻。有點像是 A Ha Moment，來談者有新的領悟。

「我不想回家」

阿光帶著明顯失落的表情來到了晤談室。

前一次回去之後，阿光跟家人通電話。不久之後，大姊在阿光的臉書上留言：「曾經的冷漠。」媽媽在下面推文：「我也在等你回家。」這次的互動讓阿光回憶起，有一次全家人到台北來探望他，過程中不知道發生了什麼事，大姊告訴其他家人，阿光要打她。

再過兩週要合爐了，傳統上，直系家屬都需要參加合爐儀式。這項儀式中，需要將爸爸香爐中的香灰，放入祖先的香爐中。

最近發生的事情，讓阿光注意到自己應該要回家，但是他就是不想。這一次，我們就突發的事件來做處理。

從目前阿光腦中縈繞不去的臉書留言開始，他感受到好像被壓迫著，但是仍想著希望自己可以去了解彼此。在聚焦的過程中，他開始變得想睡覺……。

在心理治療的過程中，很常出現想要睡覺的情況。當然有的時候是太過疲倦了，身體稍微放鬆下來就會感覺到睡意。在這邊，阿光的情況則是，最近發生的這起事情，讓阿光困擾的程度是10分（最困擾是10分，0分不是沒有感覺，而是中性或是沒有困擾的感受），困擾超過了他身心所能容納的範圍，神經系統進入了背側迷走神經的狀態，就好像遇到危險，動物可能會進入凍結。

當動物感覺到身邊有危險時，牠們有三種防禦方式：逃跑、反抗（戰）或凍結。凍結的是指動物會動也不動。這樣做是因為動物認為在不動的情況下，可能不會被注意到，進而減少被傷害的機會。這種凍結反應在野生動物中很常見，例如在遇到獅子、老虎時，為了避免被獵食者注意到，動物會靜止不動。

在進入記憶更新的過程中，出現了一些過往經驗的連結。（在記憶更新中，每一組眼動減敏後，我會停下來看看阿光注意到了什麼，因此此處的訊息會像是意識流。）

阿光：在劇組工作時，家人要求緊急回家照顧父親，大姊卻沒有照計畫來換班，就好像我的想法不重要。

阿光：有幾次被要求回家，回到家裡都沒有人在家，結果根本沒事。從小都沒有自己的房間，睡在大通鋪裡面，與奶奶一起睡或是在姊姊房間打地鋪。大學時期也睡在合租公寓的客廳。後來家裡搬新房子了，還是沒有自己的房間。

阿光：入殮的時候，二姊只跟大姊說辛苦了，但是沒有跟我講。

阿光：家裡開鐘錶行，小時候要鬧鐘，父親說要跟姊姊一起用。

阿光：即使媽媽說「你要買就去拿」，還是不敢拿。

阿光：跟媽媽通話，媽媽都會很快就掛電話。

在EMDR的眼動減敏歷程更新中，從一開始邀請來談者將注意力放在與該事件相關的畫面、聲音、情緒、想法和身體感受，接下來把注意力同時放在該事件與雙側刺激（可能以視覺、聽覺、觸覺等形式），只單純留意過程中出現了什麼，而不用刻意去改變。在引導語中，有的老師甚至會加入米老鼠和唐老鴨，也都沒有關係。這個部分，被認為與「自由聯想」[4]有相似之處。

左右互搏

從花蓮回來之後，這次返鄉似乎又讓阿光注意到更多原本可能已經習慣、或者是遺忘了的事情。阿光小時候是左撇子，媽媽很努力矯正，讓他改成用右手。在敘說的當下，他用左手寫下了鏡像般左右相反的名字。

就從沒有畫面，但是留在記憶中，媽媽要阿光「努力矯正」的聲音做為我們與記憶網路工作的切入點，面對經年累月堆積而成龐大的記憶網路，透過一個個看似細微但富有代表性的時刻介入，一點一滴對原本看似難以動搖的模式注入新的可能，帶給當年經驗中的自己所沒有的資源。

在關注這句話的同時，阿光的身體前傾，留意到自己想要討好、想要被認同。此時左手好像沒有了感覺，就好像這是一個不被認同、不被看見的部分。這句話，此時的身體經驗，讓他留意到自己內心覺得：「我跟大家不一樣。」相對於這個想法，阿光設定了一個想要告訴自己的目標：「**我可以接受我自己、我可以自在的做我自己。**」

記憶的河流把阿光帶到一次過年跟家人圍著圓桌用餐的經驗，阿光的手快速地畫下一張桌子，旁邊坐著六個人。

在一組眼動減敏後，阿光留意到的訊息是，媽媽：還好我把他的左撇子改過來。

另一組眼動減敏後，阿光留意到：就讀中國醫藥大學，一切都在命運安排裡。（命運的安排是指阿光接受母親安排的道路，走傳統考試—大學—考試—公務員的路線。）

再一組眼動減敏後，阿光留意到：我想讓自己不特別。而媽媽認為：「你永遠無法成為一個頭（成就不了大事業）。」

再一組眼動減敏後，阿光留意到：媽媽從來沒有稱讚過我。在家裡只能用童音講話。

又一組眼動減敏後，阿光留意到的訊息是，自己一直被拿來跟二姊做比較。媽媽認為「你讀的是爛學校。」演戲、製作道具，不會被媽媽認同。媽媽說「你去哪

---

4 自由聯想（free association）：精神分析中的技術，來談者被要求講述他們內心的想法、感覺和記憶，無論它們是多麼瑣碎的小細節或彼此沒有相關性。這個過程可以幫助來談者挖掘潛意識中的衝突和困擾，進而促使情感釋放和自我理解的加深。

裡哪裡工作」的時候，她是要我回家。

阿光在這次的歷程中，將過去許多生活中的點滴串連了起來，自己過去好像需要照著別人的期待來生活，需要去尋求別人的認同。甚至是在孩提時代，從慣用手開始就被迫要做改變。在這次歷程更新的末尾，他對於媽媽的話語，除了原本字面上的理解，多了更深刻的了解。

閣樓塵封的記憶

有些時候在門診和在治療時間，會聽到一些相似的故事。比如有診友告訴我，如果回到家裡的時間超過兩個小時，接下來可能要請假休息兩天。對阿光來說，回家一趟，即使回到台北兩週，仍然持續發揮著影響力，以致阿光在生活及工作中，會忘記正在做的事情。

上次回到家裡，媽媽和姊姊各自有自己的生活。爸爸好像無論在哪裡，只要離開家的範圍，他就能開心做自己的事情。好像有個七歲的自己，在家中需要屏氣凝神不想被注意到，準備要逃走。

記憶回到在中部準備重考的那段時間，回到家裡，卻發現自己的東西被打包，放置在家裡的閣樓。記憶中的場景，讓阿光感覺到煩悶，背部和雙手都變得無力。與記憶有所連結，他對自己有幾個負面信念：「我無法掌控、我不重要」。相對於這樣的信念，阿光希望可以告訴自己：「**現在我可以處理、我想知道自己的意義和價值。**」

經過幾組眼動減敏之後，阿光有一些發現：

阿光：我的價值凍結在三樓。

阿光：我好像是在尋寶。

阿光：我住在胡同，胡同要被拆除了，我可以再做出這些（拆除象徵他的物品，或許其中也有些作品就像是不重要、等待被丟棄的垃圾放在三樓。同時三樓的另一側二姊許多作品則是受到重視，陳列出來）……。

阿光：我有些上不了檯面的寶物。

阿光：我追著躲在三樓的二姊跑，想要變成像二姊一樣（二姊有許多美術作品陳列在三樓）。

循著前一次治療的脈絡，阿光的神經系統繼續在關於自我認同、自我價值的區域探索。這次來到一個自我價值凍結的關鍵事件，從原本的凍結到自己可以再創造新的價值。

阿光發現，只要大姊詢問：「何時要回家？」這句話就像催眠的咒語，他就會感覺到很想睡覺，也交不出排假單。相對的，如果是公司老闆、資深同事下命令，他就會執行。以創傷知情的觀點來說，這句話觸動了與家有關的經驗、情緒、感受，讓阿光的身體以想睡覺來回應。這也讓我更清楚知道，家的影響力透過什麼樣的方式，持續在臺北發揮作用。

舉頭三尺有媽媽

在阿光國中畢業前要考美術班的那個時期開始，在他大學時期越來越清楚，在媽媽可能覺得事情不對的時候，那個像是四十多歲媽媽的聲音就會出現在頭頂。就像是在臺北工作的時候，聲音會說：「**有什麼事情不能在老家做？**」回到老家時，阿光的事情都不重要。這個像是媽媽的聲音會一次又一次地反覆告訴他：「**你非得做這些事不可。**」

這個像是媽媽的聲音，帶我們回到阿光小時候去表哥家時。表哥家裡的馬桶堵住，塞滿了衛生紙，雖然不是他做的，仍然向大人「承認」是自己做的。孩子奇怪的行為，有時候有著單純的原因。這個像是媽媽的聲音，大約是在阿光國小時開始出現，這麼做的原因，是害怕造成別人的困擾。擔心造成困擾的背後，是希望有人可以陪伴自己。這份擔心，也出現在他與人互動，要加以回應的時候，擔心會遭到責難，同樣令他感到慌張不確定。阿光對於現在的自己有些困惑，二十多歲拍戲的那段時間，他是很有自信的，當時的外號叫做澎公。

這樣模擬生命中重要照顧者的部分，其實在治療中很常見。如果可以事先在心裡模擬，便能預測所作所為可能會遇到的回應。這樣的好處，就是在事情真的發生時，心裡可以有所預備，不會措手不及。

喜歡的與有價值的

阿光分享，高中的時候，他可以用五十元在漫畫店看一整天。他的心中有個像是液體的部分，形似漫畫裡的角色，像是個讀書人。現在看漫畫的時候，阿光可以感覺到趣味；但工作的時候有時會感覺到無趣，他不喜歡用KPI來評價自己的工作。阿光不確定自己的作品是否可以幫到人、是不是有價值。這份不確定讓心裡有股不安的感覺。就好像二姊的聲音在告訴他，他是不負責任的，沒有順從家庭期望。尤其會在工作不順利的時候出現，再潑自己冷水。阿光覺得自己欺騙了所有的家人，讓大家認為自己在準備考營養師。像是二姊的聲音冷冷地告訴阿光：「**不准輕鬆，在外面也要做我們認同的事情。**」

在治療中，我會參考不同學派的觀點，來協助自己概念化在治療中所遇到的狀況。以人際溝通分析理論（Transactional Analysis, TA）的觀點，裡面有三種自我狀態：父母、成人、孩子。批評的父母（critical parent）是其中一種父母的可能狀態，特點是會批評自己或是他人的行為。這裡的父母，不見得一定是原版照抄原生家庭的父母親，是以這樣的方式來外化心理狀態，也不是要回過頭去批評父母，重點是要創造內在有自我對話、溝通的空間，從自身開始讓改變發生，而不是要去改變父母親。

為了生存

阿光對於生活中的人事物有著敏銳的觀察力，這樣的觀察力用在生活中，許多稍縱即逝的素材都能夠化成筆下的畫作。對於自己，阿光也有細微的觀察。他告訴我，如果是廠商要求工作上的事務，他會立刻回覆。但如果是關於要填寫像是勞健保的資料，與自身的權益有關則不會馬上回，一直要等到面對質疑才會回覆。

在EMDR的治療中，有一項技巧叫做雙手交織。我利用雙手交織的作法，請阿光一手想像自己放著可以將突發狀況處理得很好的信念，阿光選了左手，右手則是代表要別人來替自己做決定的信念，代表著自己擅長接受命令。此時浮現了一句媽媽講過許多次的話語：「你的命格是軍師，要別人來用你。」

在雙手交織的過程中，阿光開啟了內在的對話：

「時間多的話，我沒辦法做更好。」

「需要緩衝來自別人的攻

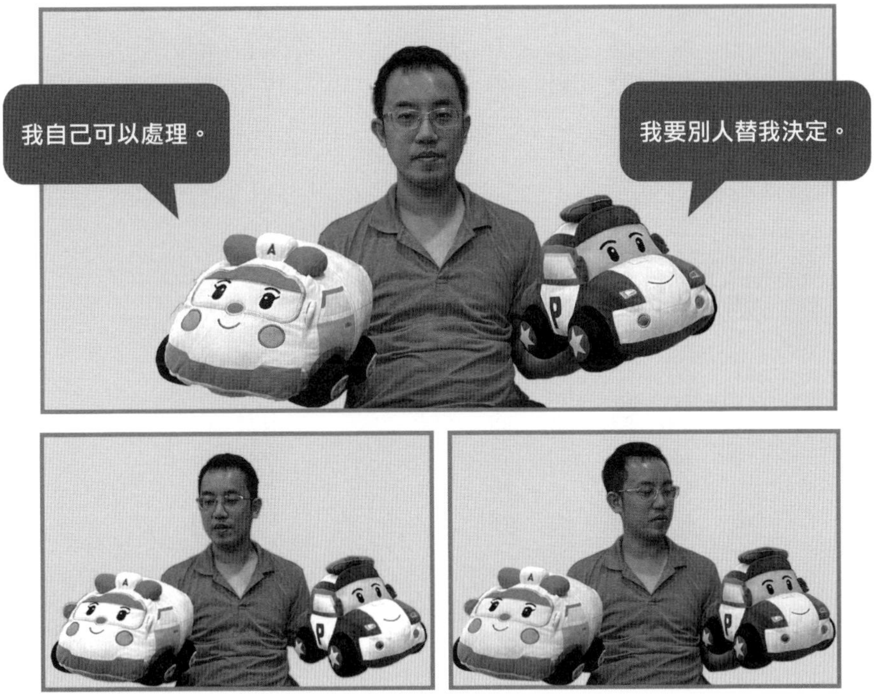

▍雙手交織。

擊。懷疑自己是不是要回家，收拾車庫，把地賣掉。自己不孝。」

「家人行使控制權，覺得是對我好。」

「接下來要預備農曆過年回家。」

心裡的管理員不在的這個時刻，出現了一段像是旁白的話語：「我不想工作，我早就說過。」阿光逐漸了解，**原本看似矛盾的想法，是為了因應不同的環境**。

被縮小的憤怒

阿光回了一趟老家，清洗了家裡的太陽能板，返回臺北後，他似乎找回了工作的感覺。有時候聽到的消息，可能以為是好消息，但往往還需要仔細地辨別。他接著以生活中的例子來補充，就好像是在洗碗的時候感覺尿很急，洗好碗之後尿意就解除了。乍看之下好像是要上廁所，其實可能是感覺到焦躁；乍看之下找回工作的感覺是好消息，其實是自己回到了逼自己做不想做的事情的狀態。這樣的方式，在工作中也會出現，阿光想嘗試有沒有其他的可能性。

阿光的女友會協助他發想關於作品的內容，女友的方法是先寫計畫，而阿光則覺得寫計畫浪費時間。面對理直氣壯的女友，阿光感覺有點委屈。自己發想出來的點子，女友覺得不能畫，這樣的情境讓他覺得自己是無能的。他想要自己的意見可以被重視、可以被信任。在情緒的描述上，阿光告訴我他不會生氣，**被禁止生氣**。實際上並不是女友禁止自己生氣，而是內在有個禁止自己生氣的機制，這通常與過去經驗有關，我邀請阿光探索過去的經驗。

時光回溯到高中，阿光有一天被教官叫到教室外面，教官指控他抽菸。阿光一方面感到很憤怒，一方面又感到十多歲的自己的無能為力，沒有辦法替自己講話。虛弱的阿光會在垃圾時間出現，從過去到現在承擔被罵，忍受委屈。或者在工作中要負責清潔的時候，呆呆地負責打掃的工作。我想阿光要傳達的是他在這些場合和情境中表現出脆弱和無力，近似於壓抑、無力感或是自卑。

讓自己的憤怒無力、壓抑自己的憤怒，在我接受身體經驗創傷療法治療時，老師曾經用「**縮小憤怒**」（**minimize anger**）來形容這樣的情況。在過去成長的階段，每當我們有憤怒的反應時，常常得不到支持，甚至接受到很多負面的回應。久而久之，我們就會轉而習慣將原本要用來保護自己、支持自己的憤怒隱藏起來。

不會有不想發生的事情

再次見面已經過了三個月，期間阿光告訴了家人他的實際狀況。得到的回應是，二姊質疑他的決定，媽媽則回他：「你自己知道怎麼做。」這樣的時刻，讓我想到同志的來談者鼓起勇氣跟家人出櫃之後，家人可能的反應。對這樣的回應，阿光感覺累到眼睛都快要閉起來了，讓他覺得自己沒法達成他們的期待（住在老家）。對於這樣的想法，阿光想要告訴自己，「我就是這樣」，希望自己能被接納。評估完成，阿光進入了EMDR的減敏感歷程更新階段。

在歷程更新的過程中，阿光在幾處雙側刺激之後的描述如下：

阿光：之前認真製作工作用的道具，家人的回應是，「這只是遊戲，沒有意義。」懷疑自己工作的意義，感覺被否定，就像小時候坐在電腦前被關機。

阿光：工作不順遇到困難時，會有個選項是關掉不玩了，但也知道要撐下去。

阿光：沒有人告訴我該怎麼做，會覺得無助。

阿光：我可以相信他們為我好，但是我不相信求籤問來的建議。

阿光：家人只相信問卜的結果，不相信個人的選擇。

阿光：奶奶過世前，醫師曾經詢問過要不要插管，當時我努力告訴家人要管灌補充營養。爸爸一句話：「不要插管。」後來，奶奶反覆感染。爸爸中風後，我不想要再對醫療發表意見，爸爸後期感染的狀況很糟。我什麼都不能做，在家中我無能為力。

阿光：爸爸離開加護病房，復健之後又再度感染。我在動物醫院工作照顧動物的時候，會想意義在哪裡？

阿光：家裡沒有溝通的管道，都是別人的願望。

阿光：就好像提出來的，都只有笑筊。而我存在的意義，就是解決他們的願望。他們聽不到我的聲音，只是對我要求他們的願望。

烏龜和兔子

阿光在製作喜歡的動畫，他發現即使是自己喜歡的事情，也還是會分心。分心玩遊戲對他來說是一種休息，而休息是「為了公平」。與自己一起做動畫的女友，最近都沒有做，所以他也休息會比較公平，會讓自己好過一些。阿光說那就好像是一隻烏龜，接著他順手在紀錄上幫我畫上一隻烏龜。

「**我不能休息**」，這樣的想法在阿光想要休息的時候會同時出現。就像是一隻兔子，在眼前警告自己。這隻兔子才二十一歲，還不知道阿光已經出過幾本書。但是不管出了幾本書，阿光覺得自己並沒有財富自由到可以休息，目前還有貸款、卡債。

烏龜和兔子彼此不想互相干涉，但是眼前的情況卻困住了彼此。做動畫的時候兔子很開心，但是烏龜同時還要玩遊戲。成年的阿光試著跟烏龜和兔子溝通，提議先做完工作再玩。兔子表達了不信任，說阿光從國小數學不及格之後，就一直在補習。隱藏沒有說出口的，是認為阿光「**你有缺陷，你要坐在那裡**」，就像小時候坐在那裡剪檳榔，看著父母忙進忙出。

成年的阿光覺得兔子很辛苦，兔子也不知道該怎麼做比較好。阿光與女友開始交往時，澎公就被開除了。澎公其實全劇組的工作都能上手、都會做，面對導演無理的批評時，他也曾氣憤之下不顧後果地將辛苦為劇組買的便當丟到了山谷。成年的阿光想要再邀請澎公來工作，我也請阿光看看這樣的合作會有什麼樣的效果。

在EMDR的資源建立中，有一項是「**精通經驗**」（Mastery Experience）。會邀請來談者面對自己的困難時，看看他自己有沒有什麼樣的能力是能有幫助的。如果有一個這樣的能力，會請來談者想一個過去特定的代表性時刻，代表那個時刻的畫面，擁有這項技巧現在會在身上感受到力量、成就感和自信心。帶著當時經驗所觸發在身上的力量，看看現在再一次回來面對眼前的挑戰，會不會有所不同。

精通經驗（Mastery Experience）

前面提過，資源建立是眼動減敏與歷程更新在準備期會做的技巧練習，目的是增加連結到所需要情感、狀態的能力，增加耐受正向、負向情感的能力，以及增強轉變狀態的能力。

在這邊所找的資源是精通經驗。可能找的經驗是先前遇到有挑戰性的事情或是應對事件相關的正向情感狀態，或者是可以喚起正向情感狀態的身體姿勢或動作。

獻祭的對象

阿光從之前提到與女友之間的公平性，便注意到自己有個想法，「女友在搶自己的錢」，因而很有壓力，他覺得這樣的相處模式是因為自己存在著很大的缺陷。在心理治療的過程中，我會小心一一避開關於自我批評的陷阱，不跟隨阿光的自我批評起舞。我請阿光多告訴我一些他對於伴侶、家庭的想法。他說自己跟女生相處時沒有性衝動，拿掉性之後會覺得舒服很多；而把對方當成老婆之後，就會想要生小孩，自己覺得壓力很大。對於阿光來說，原生家庭對於媽媽的虧欠，與自己覺得家庭應該是一個愛的單位，其實與他自己對於家庭的想像相互矛盾。

媽媽的原生家庭裡，外婆會把媽媽賺的錢拿去給媽媽的弟弟。在阿光自己的原生家庭裡，祖母對媽媽不好，讓爸爸感覺很內疚。阿光在喜歡上女友的同時，就對她感到虧欠。就像是媽媽成為家庭獻祭的對象，令爸爸帶著愧疚。這樣的家庭互動，是故鄉當地村民所熟悉的方式。

村裡另外有一群都市人，對於村民來說就像外國人一樣，講究公平。老公負責賺錢，老婆負責管錢做家事。都市人可以拒絕自己不想要做的事情，享有否決權，也可以自由地做任何事情。村民也羨慕這種不受束縛的生活，也想要過得更好。阿光自己經營粉專，產出自己的想法、獲得網友的共鳴，就是這樣的方式落實在生活中的一種樣子。

如果用同心圓來形容創傷的工作，在阿光創傷的核心，可能是無價值、人生無意義的信念。外面一層是童年經驗，再往外一層可能是成年後發生的經驗，最外面則是最近發生的事件。而阿光最近與女友之間在工作、在金錢使用上，其實觸動了他內在一些比較深處的感受和信念。

幾個月後再次見面，阿光興奮的跟我分享關於自己鍛鍊腦部，對於人際關係有新的想法和因應的方式。對於媽媽以命盤的結果說他容易分心、無法成大器，現在阿光的想

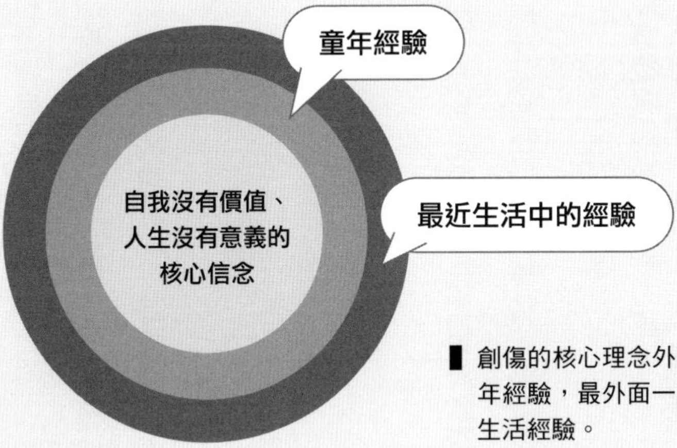

▌創傷的核心理念外面一層是童年經驗，最外面一層是最近的生活經驗。

法是：「**妳沒有那麼喜歡我**。」察覺到別人可能討厭自己時，阿光選擇逃跑。當媽媽討厭自己，他就自己買車票離開；當女友討厭自己，他也選擇自己離開。

上次治療後，阿光與女友分手了。在進行心理治療的工作幾年之後，我逐漸注意到，一個人在改變的過程中，對於伴侶關係常常會開始產生新的想法。有時候不只是想法，還會改變既有的互動模式，其中也包含了結束關係。

相信自己

阿光帶著憤怒來到晤談室，不過生氣的對象不是我，是經紀公司。公司對於動畫製作的提案有不同的想法，請他先停下來。被喊停，讓阿光感覺自己做錯事情，需要及時修正，這過程中伴隨著無力感。

治療期間，我在沒有做好一些預備之前，不會選擇直接將焦點放在無力感。

我請阿光專注在相信自己的經驗上面。阿光告訴我他在小學的舞台劇《傑克與魔豆》負責製作道具。高中參加啦啦隊，也是自己編舞、製作道具。從國小、國中到高中，阿光都參加樂隊，負責吹奏小號。阿光專注在這些創造性經驗，感受到一股生氣的力量。

藉由這股力量，他感覺自己可以防禦、可以對抗、可以表達不同的意見。

阿光在下一次見面的一開始，就很直率地告訴我，他與女友復合了。前一次在治療室中發生的改變，可能隨著時間發酵。在一份成熟關係當中，會有彼此連結、關係有摩擦或破裂、再一次修復關係而重新連結的反覆過程。與女友復合之後，阿光注意到，**在自己的生活中，似乎沒有說不的機制**。像是到了要接送女友回家的時候，心中會有一股罪惡感，覺得自己沒有花很多時間陪伴她。這份罪惡感驅使著阿光，即使為工作做不完而不安，也還是要送女友回家。罪惡感的壓力在生活中無所不在，把別人看的比自己更重要，就像是自己沒有說不的機制，逐漸地在生活中失去自己的空間。

遇到別人可能討厭自己時，阿光會選擇離開，這是逃的防禦反應；他在遇到公司的其他人與自己不同時，透過生氣的狀態來替自己發聲，是戰的防禦反應；與女朋友相處時，選擇將對方看得比自己更為重要，是類似於討好的防禦反應。值得注意的是，也有研究認為，羞愧、罪惡感可以視為一種解離的形式。有時候感受到羞愧的時間長了，經年累月下來，就這樣內建在自我認同當中。

好消息是，這幾個月，阿光讓我看到，他嘗試在面對現實生活中的各種事情時，使用不同的防禦反應。他選擇面對關係中的罪惡感，並且將其帶到診間。**隨著治療進行的**

不只是療癒創傷，也是在過程中修復依附關係。

創作的價值和感覺

二〇二一年五月，臺灣進入了三級警戒，開始有單日確診破百例的情況。在這樣的情況下，阿光帶著中醫診所自製的冰片，讓我們在心理治療的過程中，戴著口罩也可以呼吸一點比較清涼的空氣。阿光感覺壓力就像是水淹到了腰部。在每天沿著磺溪跑步的過程中，對身體的感受有更多的掌握，是比較不受到壓力淹沒的時刻。

媽媽「**你適合當個軍師**」的話語仍然時不時出現在耳邊，阿光也思考著自己覺得最有價值的是什麼。他以前覺得最有價值的是拿到經紀公司的合約，能夠出書；現在則是收到網友的回饋。對於自己的創作，阿光覺得就好像小說中的哈利波特那樣的孩子，他以前把工作和負責創作的孩子關在衣櫥裡不去看，反正孩子會自己出來創作。阿光逐漸在探索與創作的新關係。

對於發展階段的訓練，有一種觀點是：一歲半前是在經驗我存在的階段，一歲半到二歲半在發展表達我需要什麼，二歲半到三歲半在發展表達我想要什麼，三歲半之後在體驗我可以做什麼。阿光在屬於自己可以做的、自己的創作中，感受到自己的價值。

創作者常見的一個擔心是沒有感覺、沒有靈感。阿光帶著「沒感覺」來到治療的時間，想要掙脫沒感覺的束縛。即使是沒感覺，還是可以利用外化的作法來加以改變。**外化在這裡指的是請阿光將內在的情感、想法或身體感受轉化為外在、一個來幫忙自己的對象的過程**。過程中隱含我自己的假設，「沒感覺」是阿光的一個防衛機制，而機制不知道為什麼正在啟動。我想要從了解這個機制可以幫上他什麼忙的角度開始介入。一個在治療中很好用的探索方式是：「這個沒感覺是來幫什麼忙的？」阿光從急著想要擺脫，逐漸進展到可以帶著好奇心來回應這個提問。

阿光：阻隔不安全的東西。

我：所以是來保護自己的，是嗎？

當阿光對用來保護的「沒感覺」多了一分了解之後，「沒感覺」產生了變化。再次來到晤談室時，困擾他的已經不是沒感覺，而是害怕。害怕會被懲罰，認為自己違背了媽媽的規則，已經不乾淨了，不敢回家，也回不去了。我們順著這份害怕以及負面認知來追尋，回到了爸爸中風之後，需要大家輪班照顧的那段時間。當時阿光在北部接案賺錢養活自己，如果回家照顧爸爸，就代表自己的經濟收入會中斷，但是不回去又好像自己不屬於這個家庭。伴隨著這段記憶，阿光覺得自己受到控制，缺少了與人商量的能力。阿光在治療中設定了目標，**希望自己能夠表達自己的需求、認可自己的需求**。

生活技巧和生活態度

除了心理治療，阿光也同時在服用精神科藥物。吃完藥物之後，他仍然感覺得到心跳加速、明顯沒有被藥物壓下來的焦慮。那份焦慮來自遇到媽媽的生日，不敢跟她說話；也來自為自己設定方向的不自在，仍習慣於想要有人引導、領頭。我請阿光尋找過去生活中，有沒有遇過有智慧、能夠為自己設定方向的人。阿光告訴我有一位香港的電影業前輩，有著像是耶穌一樣的外型，能夠善用身邊的素材，做自己認同、自己感興趣的事情。當他專注在這位前輩給人的感受時，焦慮開始緩和一些。帶著資源，我請阿光再把注意力回到跟媽媽的互動上，阿光告訴我：

「看人臉色是生活技巧，不應該是生活態度。」

有一些變化持續在阿光身上發酵，**情緒變成一種能力，他不需要把情緒關掉，可以**

運用在與人互動的情境。阿光開始更多的相信，要由自己來決定、自己來做選擇。如果不看重自己的選擇，就是一輩子選擇自己最討厭的事。阿光嘗試支持、接納自己的選擇。

在心理治療告一個階段之後，阿光在門診中告訴我，現在的他發現自己蠻喜歡工作，粉專的發文也很順利，身邊的同事也買他的書來閱讀。與剛來的時候相比，現在的他更有動力去做更多自己想做的事情，也可以更投入在事業中。

6

有強迫症的豆豆

「我想要保護自己，保護重要的人！」

「我無法相信別人。」

豆豆受強迫症困擾，在嘗試藥物治療一段時間後，透過醫學中心前輩醫師的介紹，來到診所嘗試看看EMDR的治療方式。豆豆留著整齊的短髮，戴著簡單不浮誇的眼鏡，中性的T恤給人一種簡約的感覺。

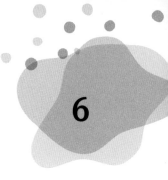

除了典型的強迫症狀——反覆的檢查瓦斯開關，她還有個有別於一般常見的強迫症狀：她腦中會生成一些不同的限制，要她不能做某些事情，否則會害到男友，例如，不能夠在路口右轉，否則男友會接不到案子。即使要去的地方右轉就會到，豆豆也必須要左轉、左轉、再左轉才能夠抵達。

有時候如果有些想法與實際年齡（成年人）不符合，比較像是小孩子一樣天馬行空，我會考慮來談者可能是有孩童般的內在小孩持有這樣的想法，在意識中影響現在的成年人。

蝙蝠俠是豆豆的內在夥伴中第一個現身的。蒐集豆豆過去的創傷史時，她提到其中一個最糟糕的經驗，她原本是小學班上的風雲人物，但是在保護受霸凌的同學之後，自己也被同學霸凌。蝙蝠俠表示，從豆豆九歲起，自己就承擔起確保安全的任務。

真正的自己在哪裡？

豆豆用圖文並茂的方式來整理自己的過去經驗，就好像在閱讀繪本故事。在過去史的末尾，豆豆寫下**Nobody is perfect! 我要保護自己**，並且搭配著下方的插圖列下了六點：

- 檢查，不斷檢查。
- 每刻做什麼會不幸害誰如何，所以要○○才可以。
- 不相信自己，不斷反駁，不斷推翻懷疑。
- 不自覺的微笑。
- 真的自己在哪裡。
- 不想死！

▌豆豆敘說過去史時搭配的插圖。

我可以相信自己

EMDR的治療過程，可以從期待會發生的未來情境開始。在「我做＿＿＿＿，會害到男友」的主題裡，豆豆在過去的欄位填寫的是學生時期的霸凌經驗。現在的促發情境就是「我做＿＿＿＿，會害到男友」。未來希望發生的情況是：**我可以相信自己、可以相信別人。**

有一個比較簡略的說法，是理性的左腦對於過去、現在與未來，有清楚的時間線；而情緒的右腦則沒有時間概念。在沒有時間概念的情境下，過去創傷經驗所帶來的感受，會參雜在現在遇到的事情，和對於未來的想像。如果我們嘗試使用比較邏輯的左腦將這樣的關聯性寫出來，有助於分辨來自過去經歷對於現在與未來的影響。

我嘗試請豆豆留意以「**我可以相信自己，可以相信別人**」來想像未來做事情的情況，同時搭配上雙側眼動。一組眼動後，豆豆注意到自己覺得男友會搞砸工作。再一組眼動後，豆豆注意到，自己與男友之間有些互動需要調整。經過幾組雙側眼動之後，豆豆有個比較適合現在自己的想法出現了：**我先做好自己**。

我做 ＿＿＿＿＿＿，會害到男友：		
過去	**現在**	**未來**
學生時期的霸凌經驗	**我做＿＿＿，會害到男友**	**我可以相信自己，可以相信別人**

▌豆豆的執念。

我無法相信任何人

延續前一次設定「**我可以相信自己，可以相信別人**」的正向信念時，豆豆發覺相信別人不是那麼容易。我請她試著使用記憶回流的方式，回到了小時候。當時豆豆的乾媽開公司，媽媽會帶她去公司拜訪。公司裡面有形形色色的人，不知道為什麼，在她的印象中，有些叔叔會靠過來請她吃口香糖。記憶中，豆豆會故意吃鼻屎、吐口水、不穿裙子、不洗澡，刻意營造「這個孩子很奇怪」的印象，讓人不想再靠近她。伴隨這個印象畫面的正是「**我無法相信任何人**」的想法。這個畫面還連結到當時轟動全臺灣的擄人勒贖案，讓豆豆注意到自己有種想法：無法相信男生，甚至連自己的爸爸和弟弟都不能相信。

豆豆在十二歲被霸凌經驗最糟的那段時間，會畫一些很色情的圖，當時爸媽偶然進到她的房間裡看到了圖，很震驚。爸爸也會偷看豆豆的日記，她還記得當時爸爸的批評：「怎麼可以這樣寫！」當時的自己覺得很憤怒，想要衝出家門。但是現實中，小時候的自己雖然感覺受到羞辱，卻只能夠無助的繼續待在家裡。

接下來一次的晤談，我們從評估目前的強迫症狀開始。豆豆說她注意到有個小小的聲音在心裡說：「想上花藝，就會很不幸。」接著，在左腦後方有另一個聲音說：「因為會很不幸，不能這麼做。」

「我錯了，我不應該自私。」有個良心不安的部分這樣說。

小學二年級第一次在學校被欺負，豆豆回家之後告訴了父母。

「沒有對別人好，就是壞。」有個認同父母的部分記得這句話。成年的豆豆則是認為**要先對自己好**。但是她對自己沒有自信，認為自己不會被接受，無法接受自己。豆豆的思緒動得很快，一下跑到高中時媽媽說過的話「不一定要上高中、大學」，一下子又跳到爸爸說過「不接受胖的人」。

我在治療記錄寫下，「**在與強迫症有關的臨床樣貌中加入父母、注意童年經驗對於強迫症的影響。**」

面對爸爸的悲傷小孩

豆豆最近在學花藝，她很欣賞這位花藝老師。認識一段時間之後，她發現老師會說八卦來打擊別的老師。豆豆覺得這樣的行為在道德上不OK，在胸口中心感到一股噁心，也覺得老師的東西是噁心的。對於心裡的這種感受，具象化成了她想要消毒的儀式——

老師經過的地方要擦拭過。就算豆豆在理智上知道老師的知識和人品是兩回事，但是這沒有辦法說服她自己。另一方面，她也注意到對於自己迎合別人感到噁心。老師想要拍照分享到社群平台，在花藝課結束時，豆豆花了五個小時拍攝要上傳的照片以滿足這個需求。

豆豆在接觸到別人的身體時，有時候可以感受到一個畫面或是一個情緒。她就曾經在爸爸身上感受到一個畫面：爸爸在某個地方，他在那裡非常非常的難過。自己不想要做卻又迎合對方的需求，讓豆豆想到爸爸小時候來自一個破碎的家庭。爺爺和爸爸的兄弟都是賭徒，爸爸童年時期常常搬家躲避債主。爸爸從小就想要一個普通的家庭，但是就連在寫聯絡地址時都不知道該填哪裡，也不知道怎麼去愛人。

豆豆聽媽媽轉述，在她出生後被媽媽抱在懷裡時，爸爸看到這一幕，對著媽媽說：「我第一次感受到什麼是愛。」做為爸爸的第一個孩子，豆豆從很小就開始有跟爸爸相關的記憶。豆豆很小的時候，爸爸每天騎腳踏車載著她，在路上不斷跟她分享很多自己內心的秘密。就像小孩子會有一天發現世界上其實沒有聖誕老人，而豆豆自己從三、四歲時的某一天開始注意到，自己扮演著安慰或是討好爸爸的角色，就好像是在跟爸爸悲傷的內在小孩玩，照顧爸爸的內在小孩。豆豆有想要負責讓爸爸開心的想法，但是心很累、肩膀也很沉重。

我對我的家庭是重要的

我試著從「**我要負責讓爸爸開心**」，從用小孩的聲音來討好大人的經驗開始，進行標的評估。

「我對我的家庭是重要的。」豆豆說。我當時以為這是一個正向信念。

「這件事一直延續下來讓我覺得很痛苦。從治療開始到現在，我都沒有哭過。我很難過，但是我之前都會想一些很合理的藉口。我好像終於崩潰了一下。」豆豆說。從這裡，我請她試試看以三、四歲發現自己要負責讓爸爸開心的這一刻做為標的，進行雙側眼動。

「暫停一下，我的心中間有個很痛的感覺。然後我想到很多小時候的片段，不是以前的事情，是從以前一直延續到現在的事情。強烈到我不知道該怎麼辦才好。」我沒有注意到這已經超過豆豆可以承受的範圍，只是請她先試著相信大腦會在過程中來整理經驗。

「我覺得大腦不想要讓我進去這件事情。」豆豆邊說邊有種想要吐的感覺。這時候豆豆沒有辦法聯繫上蝙蝠俠，無法確認蝙蝠俠現在的狀況，或是他對於此刻處理的標的有什麼意見。

「記憶就像在哈利波特的水晶球裡面，但是我進不去。」豆豆說。我請她留意水晶球有多厚。豆豆伸長了兩隻手臂，告訴我大概有這麼厚。我請她就注意著水晶球的外層，繼續下一組的雙側眼動。

「我覺得擋在外面的是……最近我和爸爸相處還蠻密集的。我想要把注意力回到我小時候，可是我的頭腦把我擋住，一直把畫面切換到現在爸爸坐在客廳看電視的樣子。就是他現在已經是這樣了，那是他以前的事情，雖然他現在還是很難過。那個時候的我還是會這麼做。不是不讓我看，就是會一直讓我想到現在。但是還是很想吐。」到這裡我才意識到，這次選的標的帶有比較強烈的感受，需要滴定處理的資訊量。我請豆豆只把注意力放在現有的感受，再做一組雙側眼動。

「我覺得問題在現在，我爸爸有所改變。之前爸爸囤積了很多東西，我跟他講過之後，他開始狂丟那些東西。所以他最近是有改變的，我就會覺得我應該還是要幫他，因為他就是我爸爸。可是我也應該讓自己過得好。」我請豆豆注意**應該讓自己過得好**，並讓她繼續眼動。

「以前睡前爸爸就會說，我們坐坐說故事，我就坐在爸爸的腿上，爸爸一頁一頁念給我聽。有一天我突然覺得我不想了，可以我又覺得『天啊！他一定會很傷心。』然後我每天都會說：『爸爸，坐坐說故事。』」豆豆的思緒有繼續流動，我就請她注意這些，並繼續眼動。

「大概知道為什麼這麼累了！因為小時候沒有休息的時間。如果要裝，就要二十四小時、全年無休的裝。在有自己的房間之前，我爸媽不會讓我一個人靜靜待在房間裡面。我有房間之後，他們還是會過來監督。我爸就是全心全意地陪我，所以他就一直把他的痛苦小孩傳送給我。」我請問豆豆這個時刻有沒有需要什麼幫助？

豆豆說，「我覺得現在我長大了，我可以讓自己有休息時間，可以有自己的空間，所以我還是想幫他。可是我不知道怎麼幫他的痛苦小孩，這讓我覺得很無助，好像我只能夠幫到表面。我曾經告訴爸爸：『我在你身上感覺到很痛苦的東西，我看到你在磚牆前面，你在門口，你很難過、很悲傷，那個悲傷好大。』爸爸聽了有嚇到，因為真的有這樣一件事。爸爸說他當兵時，有一天休假很開心地回家，結果發現自己沒帶鑰匙，而家裡搬得一乾二淨、人去樓空。他不知道怎麼辦，就在家前面蹲了一整夜，隔天就回軍營。爸爸沒有哭，就只有強烈的悲傷，就像是隔了一層玻璃罩。我好想要帶爸爸去找薩滿做一些儀式，這是我想到最好的方法。」我請豆豆注意**可以讓自己有休息時間**，再一組眼動。

「好像只要幫爸爸就會投入太多，每次幫忙爸爸消耗的力氣就會很多。我跟爸爸說，這好像是世代的遺毒耶。」豆豆有一些領悟。

我不能回家

一個月過去，豆豆再次來到晤談室。豆豆觀察到自己仍然忍不住關心周邊的人，但關心得很累、很想哭。有些來自過去的憂鬱情緒回來了，以致豆豆沒有辦法去上花藝課。凝視深淵的時候，深淵也在凝視你。**在開始處理過往經驗造成的影響時，過往經驗也可能會在過程中暫時更加影響你。**

EMDR的第八個階段是重新評估，我請豆豆重新評估上次三、四歲時的經驗。原本我不認識的液態飯糰就在這時出現了，這是一位十一、二歲的內在小孩。她的工作是在看到人的時候，進行個別化的社交模式，就像是保鏢或管家。

液態飯糰很怕豆豆受到來自家人或是同學的傷害，這似乎與她十二歲時被霸凌的經驗有些關係。液態飯糰會看人說話來討好對方，也會幫忙列出擔心的事情，諸如「誰為了我出門，以致對方遭遇不幸」；也可能是「如果與某人沒有和好，跟某人或許就是最後一次見面，可能會很難過」。因此她需要把握每個當下，讓它是在好的狀況結束，因為隨時關係都有可能結束。不知道生命下一秒會發生什麼事，想要讓一切都是好的。

再度見面時，豆豆急切地把夢境告訴我，「這幾天睡得很多，夢到跟爸媽說我不能回家，因為回家讓我很痛苦，然後爸媽就很痛苦。」我們再度把焦點回到上次三、四歲的經驗，豆豆又開始想要睡覺、感覺抽離。從她開始辨認出三、四歲的經驗、認識液態飯糰之後，像這樣想要睡覺、情緒抽離的感覺，有一點距離的在感受這些事情，跟這些東西好像都變遠了，同時也影響到豆豆的正常工作，她說畫畫時常常沒有靈感。豆豆舉例說，就好像令狐沖原本相信的師父岳不群卻是偽君子，前半段人生所相信的，以此作為生活基準的，卻在一夕之間全都破滅。但是生活還是要繼續，要把劍放下，重新開始修練。

豆豆聚焦在自己當時一個人在房間裡，想著：「大人真的相信我所扮演的這個四歲小孩嗎？還是自己可能已經被看透了，他們在陪我演這場戲？」她說除了害怕他們會背叛自己，她更害怕自己其實才是那個背叛自己的人。所以豆豆每次想到一件事情，不論是過往或是現在的事，都會**先否定自己的想法**，再自己一直不斷的想下去。她想要試著相信自己，也會想要有個人可以指引自己。但是豆豆沒有辦法想到自己曾經有過信任的人來引導她的經驗，甚至想著想著，畫面會來到她走進一個對孩子來說很深的泳池，但她卻不想要從泳池中出來……。

無慘是資源

我們暫時跳離創傷評估，我請豆豆先回到資源建立。

「**沒有為自己活，**」豆豆清晰地為自己的狀態下了註解。

我請豆豆想想，「那有沒有什麼資源對此有幫助呢？」

「炭治郎是為了別人而活。炭治郎如果沒有妹妹的話，他還會是這樣的炭治郎嗎？而我沒有這個妹妹，我也沒有為自己而活。無慘是為了自己活的代表，他努力在做自己想要的事情。」晤談之際正值《鬼滅之刃》鋪天蓋地席捲全台，我沒有想到「無慘」在這時候成為了資源。

資源建立後，我們回到三、四歲的經驗，進入眼動減敏。

一組雙側眼動後，豆豆說：「那時候我好像覺得自己受困在很小的身體裡面。然後我覺得有很多問題，但是沒有人可以回答我。即使父母很認真的回答我，可是他們的回答都沒法讓我滿意。而我沒有辦法不跟著大人一起去泰國，沒辦法不跟那些大人社交。因為我沒有辦法控制我要被帶去哪裡。我能控制的，就只有我可以讓大家開心、可以讓大家沮喪。然後我們家都這樣子一直出國，出國認識好多人，去很多地方，一出國就是兩、三個月。」

再一組雙側眼動。豆豆說：「大人無法溝通，液態飯糰在那時候出現。」

又一組雙側眼動，她說：「跟男友在一起的時候，沒有液態飯糰，只有發狂的猩猩。」

接著一組眼動後，豆豆說：「之前覺得強迫症是擔心別人發生事情自己有責任。**強迫症是一種寄託，因為沒有生活的答案。**就是我一直不知道為什麼要上學，一直不知道為什麼要活在這個世界上。可是沒有人可以給我一個答案。那種感覺就像是在孤島上面，刻了一堆Wilson[1]。不斷的確認、確認、確認，然後就變得越來越嚴重，越變形越扭曲。我一方面想尋找爸媽的缺點，一方面又覺得爸媽做得很好。我感謝他們照顧我，但是感覺又很抽離。」

「不想再用液態飯糰去討好大家、去討好身邊的人，因為液態飯糰很累，液態飯糰也想放長假。為什麼這些事情發生在這麼早的階段？又好像沒有發生什麼事情，讓我沒有著力點。」豆豆與液態飯糰似乎有了新的共識，但她還是有些迷惘。

童年創傷確認帶來新的治療可能

「我現在沒有一個安心的地方可以待著。」

從一開始以強迫症為主題，在治療的過程中碰觸到了**依附關係的創傷**。一部分的豆豆覺得爸媽其實做得很好，一部分則不這麼覺得。從這次之後，治療遇到了一些瓶頸，豆豆似乎沒有辦法認同這樣的治療標的，也覺得處理過去的記憶對生活不會有什麼幫助。豆豆的心理治療停止了一段時間，但我透過健保（藥物）門診仍然與她保持聯繫。

直到有一天門診，她帶來了與弟弟討論之後的發現。

「原來我弟弟也記得很多小時候發生的事情，他認為那些就是兒虐。」

弟弟也認可的童年經驗，其實對小時候的豆豆姐弟都造成了影響。豆豆的感受得到了確認，也為治療注入新的活水。豆豆接連提出了幾個關鍵經驗，想要在心理治療期間處理。像是豆豆國中時畫的A片人物，被父母陳列在客廳責罵；或是豆豆大口吃東西時，媽媽冷不防一句：「妳看起來好可悲。」

「我昨天離開門診，出去到外面，還是狂哭。」坐在晤談室裡，豆豆告訴我前一天來門診告訴我治療標的後離開時的情形。我告訴她《EMDR應用於兒童心理治療之藝術：從嬰兒到青少年》書中的一個故事：一個一歲左右的孩子，被養母帶去做EMDR治療的時候，動也不動，全身有多處骨折。在做完治療的幾天之後，養母告訴治療師，頭兩天孩子超憤怒，接下來卻開始恢復活力，可以進食。在豆豆開始觸及過往經驗、感受到情緒湧現之際，我希望透過故事衛教可以告訴她，這是很正常的過程。

---

1 Wilson是指電影《浩劫重生》中，和湯姆·漢克斯成為摯友的威爾森排球（Wilson Volleyball）。

正向的自我評價

「把我的畫攤在桌上，讓我突然有點了解到什麼事情的感覺，有一件事情突然回到小時候的角度。」豆豆選擇了這個記憶來做標的。

「所有的夥伴都願意來參與。」豆豆的內在小孩這次全員出動。

「我是不是真的很不好？我好像做了一件很可恥的事情。」事件讓豆豆對自己產生了負面的自我評價。

「我想告訴我自己，這件事沒有好不好。因為我沒有做錯任何事情，這是一件很中性的事情。我就只是畫了畫。」豆豆設定好了這個經驗想告訴自己什麼。

「會不會想要告訴自己『我夠好了』？」回顧過去的治療紀錄，我留意到或許可以延伸豆豆提供的資訊，更聚焦在自我正向認知上。我嘗試請她留意這樣的選擇。

「**我夠好了……**」豆豆側著頭，花了點時間在身體感受一下這個想法。「好像肩膀這裡比較沉下來了。本來一進門看到那個的時候，整個人就浮起來，好像接觸不到任何東西。可是現在就覺得好像有沉下來的感覺。」

浮起來是很常見解離時的描述，沉下來則通常比較會發生在能夠承受經驗的時候。

「那個沉下來讓妳感覺『我夠好了』這句話有多真實？」我繼續跟進，確認一下這個正向信念與身體能夠有多少程度上的連結。

「六分。」豆豆說。

「妳告訴我妳想要爸媽好好詢問妳，對嗎？如果把這句話換成以**我**為開頭的句子，妳會怎麼說？」找到了一個正向信念之後，我繼續努力，想試試可不可以還有其他的正向信念，這些能在創傷記憶處理時，提供大腦有具體目標可以產生新的聯結。

「**我值得你們好好問我。**」豆豆開始思考自己是一個值得被好好問的人。我一樣邀請她感受這個想法有多真實？

「我覺得蠻荒唐的，不過是六分。」豆豆邊說邊露出了笑容，有點不好意思地別過頭去。

「我發現之前身體會有保護機制，讓這件事情變得很麻木，我會變得好想睡覺，不想讓自己去想這個。有個很大的黑森林，不想讓我去想。那一天黑森林沒有發現，防守出現了一個破口，我發現我被虐待了，他們對我做了很多不好的事情。弟弟說他一直都知道這些事情，每天都在細數這些事情。他說那不只有虐待，甚至有某些像是性騷擾。他說他也只感到爸爸媽媽就是笨笨的，所以做了這樣的事情。」豆豆說。

「即使妳告訴了我這些事情，此刻妳在這裡感覺是安全的，對嗎？妳爸媽現在也是安全的，對嗎？」我請豆豆試著留意此刻的安全問題。

豆豆回答：「是的，感覺進到比較小時候的感覺，黑森林有點打開了。」

「以前看到這一幕的時候，窒息感蠻強烈的。」豆豆邊說邊把口罩拿了下來，看起來呼吸有點困難，身心感覺又來到容納之窗的邊緣，但是她的眼神仍然沒有渙散。即使有很強的情緒張力，我感覺她還可以繼續歷程更新。

「現在很難過。」豆豆的眼神一樣堅定地看著我，我請她認可這份難過，再一組雙側眼動。

「嗯！好像**發現自己一直以來其實都沒有好好的難過，發現可以難過，覺得蠻開心的。**」

「發現自己沒有當過小孩，感覺很感傷。」我請豆豆給感傷一些時間，繼續雙側眼動。

豆豆告訴我：「有種很分割的感覺，感傷有一條線，我從感傷裡走了出來。」豆豆說出這段話的時候，彷彿現在開始跟過往創傷能切割開來，可以向過去道別。

「很像走過每個年齡，看到每一年的自己，好像可以為每一個時刻分別的難過。」哀

悼是創傷中必經的歷程。我們繼續雙側眼動，豆豆開始想睡覺。不同於之前的是，這次是舒服得想睡覺。我請豆豆回到這次晤談一開始的經驗，看看會注意到什麼？

她告訴我，「現在會覺得那比較像個畫面。剛剛是感覺自己走進去裡面。這件事情現在雖然是個畫面，飯糰對於這件事情後續帶來的影響覺得很不甘心。感覺那個時候的爸爸媽媽是記憶，然後他們現在也同時活著、存在著。就覺得原來是這樣，有點知道自己為什麼會發生很多很多事情，跟這件事情有很大的關係，就會覺得好一點。」我們再一組雙側眼動。

「剛有一種很有趣的感覺，很像怨靈消散。」豆豆比了自己的肩膀處，從手勢看來，怨靈從肩膀往天空中散去。

「**發現自己有被不合理的對待，好像人生會有點不一樣**。」豆豆在這次晤談結束前做了結論，也提醒我，黑森林只是不想講話，還是持續在用著魔法。

經過這次治療，豆豆的強迫症狀減少了，與父母相處起來變得比較輕鬆。或許在創傷治療，**重要的不是去改變過去，而是讓我們更能夠享受現在的生活**。

7

莫名慢性疼痛的雪姨

「我無能為力。」

「我不配，放不下難過和憤怒。」

雪姨是我還在馬偕醫院工作時認識的患者。當時我剛升任第一年主治醫師，許多事情對我來說都還很新，包含創傷治療的學習也才剛起步。她經歷了緊急心臟瓣膜手術，手術出院後到心臟外科追蹤。她因為每天晚上做惡夢，經過心臟外科醫師轉介來精神科看診。

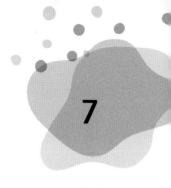

來到門診當時，雪姨的情緒明顯低落，人看起來比較退縮，令人很難想像她手術之前還在朋友的公司擔任顧問，公司大小事一手包的幹練模樣。除了生理上的失眠、食慾下降，更重要的是她暫時失去了各種生活自理能力，因此我邀請她到精神科住院調理。

耶穌與觀音

雪姨住院期間，我為她安排EMDR治療，以每天晚上反覆出現在她惡夢中的一幕做為標的：畫面中，她躺在手術台上，有兩位她認為是牛頭馬面的黑衣人在一旁。雪姨的想法是，這兩位是要來帶自己離開這個世界，感覺很恐懼。

隨著眼動減敏進行，畫面開始有所變化。場景從開刀房逐漸變成洞穴，原本在手術台旁的黑衣人變成了天使。雪姨告訴我：「是上帝的安排，讓我昏倒在馬偕的急診室外面，才有辦法緊急接受手術，挽回性命。」

隨著雙側眼動繼續進行，雪姨不再停留在手術台，她開始動身往洞穴外走去。她穿過了長長的地道，走出洞穴，看到了天空。天空中一邊有一尊觀音，另一邊則是耶穌。雪姨問我：「怎麼辦？兩邊不知道怎麼選擇，會不會被責備？」我沒有答案，就只是照著程序，請雪姨留意自己注意到的觀音和耶穌，再試著雙側眼動。

一組雙側眼動過後，雪姨說：「海上觀音顯得莊嚴。耶穌揹十字架為我犧牲、受苦。領頭羊正在受苦中，沒有耶穌苦。」

再一組雙側眼動後，雪姨注意到心裡感覺還好。她感覺耶穌在很近的地方，她能感受到耶穌的愛。這時觀音的影響變得比較遙遠，變化成麒麟。此時畫面中同時有耶穌與觀音，但沒有一絲衝突矛盾。雪姨說：「耶穌陪我度過三十歲之後的生命。觀音從我懂事後就信靠。即使有過一段時間懼怕，感覺到衝突，現在沒有害怕了。」耶穌和觀音對於雪姨的意義在此刻浮現，**似乎也有一些過去的衝突在此處發生了整合。**

從這次的治療之後，雪姨沒有再做原本手術台的惡夢。不過心臟手術的位置，仍然會時不時出現抽痛感。在心臟外科醫師做了幾項詳細的檢查後，評估手術後心臟的狀態相比術前有改善，判斷她的疼痛與手術後身體恢復的狀況沒有太大的關係。

雖然手術台的惡夢不再出現，但是雪姨開始做一些與過往童年經驗相關的惡夢。此外，她有時候會突然想不起來原本會的事情，或是在捷運車廂中人多，她突然看不到先生的身影時，會有一股憤怒的感覺。我們就循著這些線索，繼續進行治療。

慢性疼痛與童年逆境經驗

雪姨一開始來找我時，對於自己夢境的其中一項解讀是，會不會是在手術麻醉的過程中，她曾經甦醒過來，因此有這樣的畫面留在腦海裡。據研究，全身麻醉中甦醒的發生率，每一千位手術病人中約有一到兩人。手術、全身麻醉中甦醒或是經歷瀕死經驗的狀態下，後續都容易發生創傷後壓力症、疼痛。即使不能夠確認當時的實際情況是否確實如此，但雪姨在經歷心臟疾病發作、緊急手術，接下來的生命的確發生了重大轉變。

另外，有研究指出，慢性疼痛（超過三個月以上的疼痛）與童年逆境經驗，這兩者之間有關聯。當時雪姨的胸口疼痛已經持續超過三個月的時間。在針對夢境做治療之後，我們回到標準EMDR的流程，評估過去的生命經驗。那時我還不知道慢性疼痛與童年逆境經驗這兩者間的關聯性，只是想支持雪姨的情緒和感受能夠好受一些而繼續心理治療。

有些人成為我們心裡的力量，有些事成為我們心裡的陰影。

在童年許多逆境經驗當中，其中一起關鍵事情發生在雪姨小學三年級。當時雪姨的外婆在家裡幫忙照顧孫子女。不過到了雪姨三年級的時候，雪姨媽媽的妹妹在中部生了孩子，外婆要去幫忙照顧新生兒，所以要離開臺北。

在代表經驗的關鍵畫面中，外婆跟小時候的雪姨還有雪姨的哥哥交代要用功讀書，外婆要出發前往臺中。雪姨則告訴外婆：「外婆不能去，妳去的話，我就去死。」說完，她就跑出家門，不斷地向前走，外婆跟在後面追著她。那是雪姨人生第一次有想要死的念頭，當時她想著，如果外婆離開，她失去依靠就去死。而這個關鍵的記憶，在與雪姨一起工作的數年間，我們反覆處理了好幾次。以下將過程中對我有啟發的一些時刻記錄下來。

一開始，雪姨對此經驗的負面認知是：「**我錯了**」、「**我辜負了外婆，沒有好好讀書，以不用功讀書的方式來反抗**」、「**我無能為力**」。

在雙側眼動的過程中，雪姨開始感受到外婆要離開時，心中有一份對於自己和哥哥的不捨。治療的過程中，她可以看到當時錯怪外婆，而當時年幼的自己看不到；也留意到外婆其實放心不下在臺北的孫子們，每年請姨丈從中部來臺北看看。雪姨的心酸逐漸消退，比較平靜，可以接受外婆講的話。

這次晤談後，雪姨對於外婆要離開的經驗，多留意到了一些細節和不同的感受。從一開始她很快地跑出去，後來慢下來看到外婆跟在後面，再慢慢走回家；看到外婆在整理行李。從那天起，她覺得世界灰暗，沒有安全感，體會不到愛。

在雙側眼動的過程中，雪姨連結到一次禁食禱告的經驗。她說：「我不會形容，感覺很安全、很慈愛、很慈祥，有熱氣在身邊。雖然看不見，還是覺得祂在用《聖經》裡的話簡短的回應我。我不是一個人，真的有上帝同在。我開始尋找神，接受上帝的考驗。就好像耶穌履海。」雪姨從原本灰暗的世界中，信靠主而感受到平安。

雪姨注意到在生活中開始出現了一點變化。原本會感覺快要抓狂的情境，即使仍然有點波動，但情緒開始比較容易平復下來。對於外婆的思念，逐漸能夠回想到外婆的包包頭；想到外婆帶自己去聽歌仔戲，聽到睡著後，外婆再帶自己回家，回家途中還買吃的東西給自己。

除了與外婆的童年記憶，雪姨也注意到，從小看到媽媽被爸爸、小三數落，哥哥和自己被阿姨（爸爸的小三，雪姨都稱呼她阿姨）欺負，這是自己莫名恐懼的來源。處理外婆離開的經驗之後，我們開始將治療目標放在與阿姨互動的經驗上。

貝阿姨提供的修復性經驗

時間來到雪姨小學畢業快要念國一的時候。阿姨在廚房對著媽媽大小聲，大兩歲讀國一的哥哥跟自己前往廚房。看到媽媽很安靜的在禱告。阿姨很大聲對哥哥說：「要幹什麼！」當把注意力回到這個時刻，雪姨情緒混雜著生氣、恐懼和無助。生氣已經到了要爆炸的程度，頭和心與生氣有連結，也都在這個時候痛了起來。

在雙側眼動的過程裡，我記錄下幾則雪姨的情緒：

「只有看到媽媽，阿姨消失了。沒有剛心痛。就好像看到媽媽就在旁邊。」

「看到哥哥跑上去，感覺沒有那麼強烈。看我哥哥……沒有那麼氣，要怎麼形容……比較緩和。」

「覺得平靜，不會像剛剛開始的僵硬，覺得事情已經過去了。」

雪姨告訴我，最近常想到外婆，想到貝阿姨。

貝阿姨是一位雪姨認識很多年的傳道人。在雪姨的描述中，貝阿姨的個性很溫柔，有著一頭白髮，很像天使。雪姨第一眼看到她就很喜歡，感覺和她外婆很像。跟貝阿姨在一起時，她會有種平靜、有依靠的感覺。雪姨曾經有一段時間和貝阿姨住在一起，跟著貝阿姨四處宣教。

資深EMDR治療師，蘿若兒．佩內爾（Laurell Pernell）博士認為，**被遺棄的恐懼，常與童年時期有被忽視、虐待、不安全的依附關係有關**。在蘿若兒．佩內爾博士所發展的以依附為焦點的EMDR治療中，以想像來創造一個新的，充滿愛心、慈悲、安全、符合孩子需要的母親。讓案主重新回到兒童、青少年的階段，透過想像自己得到一位穩定、充滿愛心、冷靜的母親，在神經系統中重新創建修復性的經驗。跟雪姨一起工作當時，我剛接觸EMDR的治療方法，對於以依附為焦點的EMDR還只有初淺的了解。但現在看起來，雪姨生命中的貝阿姨，剛好提供了一個符合雪姨童年時期需要的外婆特質，提供了修復性的經驗。

創傷治療有益於情緒穩定

一週後的晤談，雪姨觀察到，前次結束之後的這一週，她有比較想念媽媽。我們再次回到「**阿姨跟媽媽在二樓，阿姨大聲的經驗**」，雪姨還是感覺到「心懵懵」。進入雙側眼動之後，雪姨一開始心裡恐懼、難過、害怕，全身麻、僵硬，心跳得很快。之後，心跳緩和了下來。

「**阿姨不見了。想要抱媽媽。**」雪姨說。

「可以想像抱媽媽。」我邀請雪姨試試看，在她想像的過程伴隨著雙側眼動。

雪姨說：「**抱媽媽前覺得緊蹦。抱媽媽時心裡平靜。放鬆。比較沒有那麼想哭。現在的想哭是感覺抱到媽媽。**」我們再一組雙側眼動。

「感受到媽媽的愛。做練習之前感覺媽媽的愛很生疏、很遠。小時候只知道她是我媽，感受愛多是從爸爸、外婆來的。我之前也比較沒有照顧自己的孩子。孩子沒有體會到媽媽的愛，不知道怎麼照顧孩子。想到媽媽有一天下雨拿傘到小學，才感覺到媽媽記得我們。記憶中，媽媽不會出現在面前。轉捩點是我聽福音，信基督。」**雪姨開始整合對於媽媽的愛，對於自己的生命經驗有所體會。**

回去之後，雪姨覺得情緒和睡眠都變得比較好。但是在先生離開時，會出現恐懼、浮躁、不知所措的情緒。隨著治療的歷程，這些情緒逐漸轉變成感受到落寞，但是不會整個下午不安、恐懼。

治療中一個常見的問題是：「要把治療的焦點，放在過去的創傷經驗，還是當前被觸動的恐懼？」覺察到生活中會觸動的情況，也辨認過去相關聯的經驗。不論是以滴定的方式來調解當前的恐懼，或是去解開過去和現在的連結，甚至是處理過去的經驗。治療就是來回的在這些不同的選擇點上工作。

在追蹤這樣狀態的變化時，雪姨有了新的發現。先生離開時，會觸發她很多過去被拋棄、被欺負的記憶重現，伴隨著相關的感受鋪天蓋地而來，接著她就會開始生氣，與先生爭吵。有了這樣的發現，讓我們更確定治療中的方向，創傷治療應該可以為雪姨的情緒、生活帶來一些幫助。

媽媽想要抱一下

雪姨對媽媽第一次抱她一下的印象深刻，那時她二十多歲，已經出社會工作。雪姨媽媽過世之前，因為癌症住院，當時她和兩位妹妹有去醫院探望媽媽。媽媽當時因為癌症痛得很厲害，想抱一下女兒們，看會不會不那麼痛。三姊妹反應不過來，站在原地，沒有人回應媽媽。雪姨提到這個記憶，認為自己很壞、虧欠媽媽很多。她的心裡在哭泣，全身在發抖、僵硬，兩腳都沒了知覺。

在雙側眼動的一開始，畫面停頓，沒有任何的變化，雪姨感覺到心痛、胸悶、喘不過氣來。她試著想像邀請哥哥和兩個妹妹坐在身邊，一起經歷這段記憶，卡住的歷程又繼續有了變化。

「當時媽媽不舒服，詢問媽媽要不要去醫院。媽媽說要吃火腿蛋，我一個人半夜兩點去找，邊走邊跑，有找到火腿蛋。」雪姨說著，身體也放鬆了一點。

「和哥哥、兩個妹妹一起去看媽媽，就比較好。哥哥孝順，一個妹妹善良、包容，都沒有怪任何人。心裡比較溫馨、安慰。難怪媽媽比較疼妹妹，難得可以四個人都跟媽媽在一起。」雪姨逐漸連結到好一點的感覺。

「以前兄弟姊妹中，我是最強的，現在才發現原來我最弱。發現他們包容體諒，我過去的強勢固執被他們原諒，覺得很虧欠。哥哥在媽媽過世那天陪她在醫院，他的岳母也是癌症，同樣是他在照顧。我問哥哥怎麼有辦法照顧岳母，他說是把岳母當作自己的媽媽。我感覺有力量出來。有機會做想做的事情，本來就應該幫助家人。」雪姨逐漸從創傷經驗中找到自己的力量和自己想做的事情。

結束這次治療後，雪姨想到許多有關的事情，其中也包含了外婆和媽媽的葬禮。雪姨想到小時候外婆的葬禮，她雖然很傷心，但是沒有參加。公公過世的時候，則是家裡很忙、很熱鬧，弟兄姊妹都回來吃流水席，她體驗到自己沒有如想像中那種對喪事的害怕。媽媽過世是由牧師來主持，原本她一直忍耐著不哭，但到了喪禮當天，再也沒有辦法忍耐，在人群中難過的大哭了起來。

在經歷那些失去親人的悲傷失落之後，雪姨開始接觸福音，認識了貝阿姨、蒲公公和林伯伯三位傳道人。除了前面提過的貝阿姨，雪姨印象中的蒲公公很慈祥，而林伯伯對於雪姨來說則是神人。林伯伯從柏克萊大學畢業之後，遇見上帝透過路上的小花跟他對話，他從雪姨出生那時候就來到臺灣傳道。一直到年紀很大了才回美國。雪姨回想起這些年在傳道人身邊接觸到福音的過程，有種甜蜜、安全的感覺，也支持她走過那段最憂傷的時間。

雙面人

在追蹤控制不住的怒氣時，雪姨注意到一個關鍵的連結：「**阿姨在爸爸不在的時候罵我，爸爸回來之後又對我很好。**」我請雪姨從對阿姨比較一般性的陳述，試著聚焦到一個特定經驗。

雪姨：「**出現的畫面，是先生叫我不要怪阿姨。**」出現了阻礙我們進入特定經驗的另一個經驗，因此我們就把注意力放在這句話上，繼續眼動。

雪姨：「**我不配，放不下難過和憤怒。**」我邀請雪姨注意憤怒的部分，是要來幫她些什麼？

雪姨：「**阿姨拿尺打妹妹和哥哥。我又很生氣。**」我請雪姨試試看謝謝憤怒的部分替我們承擔這些經驗。

雪姨：「**想到哥哥和妹妹被打，還是很憤怒。**」我請雪姨告訴我現在哥哥和妹妹的年齡，接著，我請她注意，現在哥哥和妹妹已經長大，再繼續眼動。

雪姨：「**現在哥哥和妹妹都沒有什麼影響。**」我請雪姨注意這個事實，繼續眼動。

雪姨：「**哥哥現在喜歡路跑，妹妹參加舞蹈社。畫面帶給我解放。**」我請雪姨注意這個事實，繼續眼動。

雪姨：「**我感覺好一些，注意到哥哥和妹妹沒有受到影響。**」

在依附關係中，可以簡單分為安全依附與不安全依附，而不安全依附中的混亂依附，發生的原因就是：照顧者會攻擊孩子，以致孩子會不清楚照顧者到底是來照顧自己的，還是來傷害自己的。雪姨童年經驗中的阿姨，就是有時候會刻意討好孩子，有時候又會故意修理孩子的照顧者。

在這次晤談後，雪姨夢到二十多年沒有在夢中見到的兒子，夢境中他已經成長為像是二十出頭的年輕人，那曾經是她心裡的牽掛。現在雪姨感覺到自己被上帝拯救，珍惜所擁有的。她比較少去排斥阿姨和爸爸曾經帶給自己的恐懼，比較能去聽聽自己心裡的聲音。

另外一個夢，則是夢到阿姨說要去看爸爸，於是她和阿姨一起穿越公園，見到了爸爸，有點恐懼，但是沒有很多恨。原本放不下的情緒，似乎也在逐漸散去。

雪姨告訴我一個觀察：她到了車站，沒有看到先生和車子，就拿起手機撥了電話，確認先生在下一站，然後她就跟先生商量是要自己再坐火車到下一站，還是先生要過來載她。她掛了電話，心裡沒有怒氣，只有平靜。在雪姨講完這段經歷後，我們知道一起治療的旅途，已經達到了設定的目標。

8

完美主義且不信任他人的麥麥

「我需要完美才有價值。」
「和善的感覺是假的，這樣的人不存在。」

有一陣子校園諮商的議題出現在新聞裡，那時學校開始注意到學生的諮商需求增長，出現了一些要求改善校園諮商環境的聲音。差不多在這樣的時間點，麥麥來到我的診間。

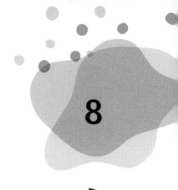

關鍵記憶出現

麥麥當時是研究所二年級的學生，正在寫兒童虐待（兒虐）主題的論文。她走進診間，給我的印象就像常見的大學生，背著後背包，樸實的穿著、互動之間相當客氣，讓我聯想到學校裡循規蹈矩的學生。她有點拘謹地坐在座位上，詢問我有關以EMDR來做心理創傷治療的可能性。

她說，在來診所找我之前，也曾經在家裡附近的診所就醫，同時也在學校的心理諮商中心接受諮商。儘管已經接受了醫療和諮商，遇到的困難仍然持續著，而她認為以創傷治療的角度切入對她可能有幫助。她遇到的困難，就是：理智上知道要打電話約訪，心理上卻無法打電話約訪，甚至連已經訪問過記錄下來的錄音檔也沒辦法聽，也沒有辦法打開電腦檔案繼續寫論文。在嘗試去做前述這些事情的時候，她總會有肩膀緊繃、頭痛的症狀。迫於無奈，她也嘗試從運動、瑜珈、打工來轉移對論文的注意力。

讓麥麥感到害怕，想要嘗試找尋不同醫療方式的關鍵是，來到我門診前幾個月，她曾經有過殺害男友的想法，這讓她聯想到自己國三被爸爸強迫要考基測時，也曾一度出現過恨意和殺意。這樣的想法在生活中一直被觸動，讓麥麥忍不住想要解決。

解離架構中提到，人有兩種行動系統（Action systems），一種是與每天生活相關的行動系統，另一種是與生存相關的行動系統。與每天生活相關的系統扮演著以下的一些功能，讓我們能夠將注意力聚焦在現在，讓我們能夠有一些社交互動，讓我們可以享受玩樂、性的美好，可以藉由休息、睡覺、進食來恢復體力……等。而生存的行動系統，與戰、逃、僵、過度警覺……等有關。從麥麥的描述聽起來，她在日常生活中，不斷觸發生存的行動系統，身體、學習、交友都受到很大的影響。

麥麥有兩個弟弟，父親信仰佛教，從麥麥小學的那段時間，就目睹父親想要大弟弟去念佛教小學，父母親為此爭執不斷。祖父是個性暴躁的外省老兵，父親從小會被祖父踢打。母親則是在她國中時與自己的兄弟有很大的衝突，國中時就離開原生家庭。

初次會談中，我介紹了創傷工作以身體經驗創傷療法的觀點需要在資源處與創傷來回擺盪（pendulation），以及以EMDR的記憶網絡觀點可能在過去的關鍵事件、最近促發創傷的情境、未來想要在原促發創傷的情境中改變工作。評估了三代家族史之後，麥麥很快帶我來到一段她國二的記憶，當時我還不知道，原來這就是最關鍵的記憶。

國二時課業變重了，媽媽生病了（似乎是憂鬱）。我一個人坐在書桌前讀書，只有在檯燈照明的範圍內有光亮。黑暗中，媽媽牽著小弟的手要回他們的房間去睡覺。**我應該要幫助我媽，但是我沒有辦法做到。我需要完美。**

我在麥麥準備第一次就要一腳踏入記憶的時候，做了一個選擇，不要直接進去，因為我們甚至都還沒有連結任何資源！我請她試想，如果要對這個經驗有幫助，會需要什麼樣的資源？麥麥告訴我：「**體諒自己。**」但是關於體諒自己，在第一次會談中，暫時找不到什麼資源。接著她告訴我她最近開始上壺鈴、TRX的課程，讓自己感受到力量，讓身體醒過來。瑜珈的練習讓她注意到自己身體僵硬，開始練習身體的控制。男友也會在她為自己買好一點的衣服時，言語支持她：「這樣很好。」從男友這樣的回應中，麥麥在肚子上感受到一股溫暖。

她在這次會談結束前，告訴我她對於自己「逃避機制」的了解，同時也告訴我覺得這些自我了解是別人無法理解的。那就是為了避開從國中時期出現的恨意、殺意，身體出現了僵硬無法動彈的反應，也害怕畢業以後的工作。

在唐納．卡爾謝（Donald Kalsched）的《創傷與靈魂》（*Trauma and the Soul*）中，人會藉由迪斯（Dis），來避開無法忍受的情緒／痛苦，代價是會在靈薄獄中受到永恆的苦。我在結束第一次會談後，寫下「**下次會談要做自我狀態治療，來認識麥麥不同的部分**」。

跟「夥伴」合作

下一次的會談中，我請麥麥先從一處記憶中舒服、自在的地方開始。麥麥高中時曾經有一段時間在墨爾本讀書，有一個畫面，是她搭乘著公車，在墨爾本的街道上穿梭。在公車上的那片刻，讓她可以感受到自由。

當麥麥可以連結到像是自由這樣的正向狀態時，我開始請她試著歡迎內心裡不同的部分來到會談室中，我想要認識麥麥的「夥伴」。在臨床工作中，我喜歡稱呼內在部分為夥伴，是想跟麥麥的所有部分有共同合作的機會。

第一個來到我們當中的是「小B」，是一個焦慮的部分，年紀大約在五歲到國小低年級，身材瘦小，但是背後背著竹簍，裡面裝著逐年增加的焦慮。接觸到小B的時候，連結到一段麥麥童年的記憶：當時她與大弟在家裡吵架，在睡夢中的爸爸被吵醒，麥麥和弟弟的頭被爸爸砸了之後都被罰站。媽媽看到這樣的情況，只去安慰了在哭的弟弟，而沒有安慰在旁邊忍住不哭的麥麥。

這時，來了一位年近三十歲的「肌肉男」，麥麥形容肌肉男讓她感覺到堅強、倔強、陽光的特質。肌肉男透過麥麥告訴我，也可能是在告訴小B：「**哭就是認輸，你要**

很強壯。我自己可以，不需要安慰。」麥麥認為肌肉男的出現，掩飾了自己心中脆弱的一塊，他會在麥麥需要面對交涉、採訪的時候出現。

在辨認內在不同夥伴的過程中，麥麥分享了她對不同夥伴的了解，即使這些夥伴在這一次會談中並沒有出現。她注意到有一個逃跑小孩，與來談的主題有很大的關聯，從她就讀大學的時候開始出現，大部分時間都不動。另外有一個惡魔，想要傷害人，帶著殺機。還有一個憤怒小孩，在麥麥要介紹對憤怒小孩的了解時。有個聲音出現：「**不要管我！**」

在會談中，常常會有一些內在的部分，會抗拒被治療師了解。在這個時候，我選擇尊重憤怒小孩不想在此刻被介紹，轉而看看可不可以認識其他夥伴。麥麥心中還有一個與母親有關的照顧者，她穿著圍裙，長相與媽媽相似，會負責照顧自己以外的人。這位照顧者第一次出現，是在麥麥十四歲時，當時媽媽生病了，她要照顧媽媽，也覺得當時的爸爸靠不住，只會出一張嘴批評。接下來又有一位穿著唐裝，身體蜷曲在一起的小男孩，看似跟小B年紀差不多。

唐納・卡爾謝在《創傷與靈魂》中提到，**創傷的定義是無法忍受的痛苦**。對於麥麥這樣一個才華洋溢，內在又有這麼多部分，協助她承擔各式各樣不同的經驗和痛苦的來談者，能和她一起工作，我感到很榮幸也充滿了尊敬，希望自己能夠跟隨著她的步伐，邁入內心需要我們一起合作的地方。

孤獨，不信任別人

麥麥在做研究的時候感到很孤獨。對她來說，這份孤獨已經不是第一次了。她回憶在澳洲念書的時候，原本要留在澳洲完成學業並在當地工作，但是爸爸哭著告訴她，家裡還有兩個弟弟，家裡的環境沒辦法支持她繼續留在澳洲。也是這樣的孤獨，提醒著麥麥不要信任別人，因為沒有人會幫自己。同時她也感到憤怒，對人有份敵意，對自己則要求完美。

我邀請麥麥建立一個內在的會議空間，看看有哪些不同部分的麥麥，可能與這些經歷、感受有所關聯。一位三十多歲，麥麥形容很幹練的女性來到會議空間正中央，她透過麥麥告訴我，她的職責就是確保事情不會出差錯。在採訪寫論文的過程中，這位幹練的女性擔心邀訪會被拒絕，也不願意聽錄音檔。還有一位冷漠的小孩來到會議室的角落，像是旁觀者一樣不帶情緒，目的是要從情緒中抽離，就不會遭受傷害。我和麥麥商量，或許我們可以整理臨床樣貌，以及看看這一次提到的採訪、聽錄音檔兩個目前遇到困擾的情境，可以怎麼樣在治療計畫中安排順序做處理。

這一次的會談中，麥麥帶來了自己整理的關於治療主題的表格，裡面有完美主義者、孤軍奮戰、不信任別人這三個主題。麥麥選擇了不信任別人的主題。在這個主題中，會有**過去、現在、未來**這三個欄位。過去欄位裡面主要記錄的是過去發生的事件；現在欄位裡面寫的是目前生活中會觸動這個主題的情境；未來欄位裡是填寫希望相對於目前生活中會被觸發的情境，如果未來再遇到這樣的情境時，可以有什麼樣不同的反應。在現在的觸發情境中，麥麥寫到在邀約訪談時，會懷疑受訪者會友善的接受自己，以及在家裡媽媽詢問她論文現在的寫作進度；在外面看到有人在寫論文或是看到有人畢業；還有現在要看書就會沒有動力。初步看起來，這是三個主題中目前在生活中造成最多困擾的一個。

在「不信任別人」的主題中，麥麥挑選了一個在澳洲接聽爸爸電話的記憶，這個記憶是關於爸爸的背叛，原本他打算要讓她在澳洲讀大學，卻又沒有做到。畫面中，麥麥一個人坐在自己房間的角落，接聽爸爸打來的電話。在提取這段經驗的過程中，觸動了麥麥傷心的眼淚，以及她注意到自己不信任爸爸之餘，也覺得自己沒有辦法保護自己，這段經驗在處理記憶的當下，困擾麥麥的程度是接近滿分10分的9分。

一開始，麥麥感覺非常的緊張，隨著雙側刺激眼動的過程，逐漸背部有感覺比較鬆一點，焦慮也逐漸緩和。就在這個時候，有個聲音出現在麥麥的意識當中說道：「要注意妳的身體。」

在這個時刻，我請麥麥先不急著繼續進行雙側刺激，而是邀請這位我還不認識的夥伴，可以進入內在的會議空間當中。走進門的夥伴，麥麥稱呼他「壯壯人」，是一個青年男性，樣貌像是8+9（八家將）一般。我請麥麥幫我詢問壯壯人，他的工作職責是什麼？壯壯人透過麥麥告訴我，他的職責是要反抗大人（他會在這個時刻出現，是因為這個記憶中，麥麥出現了一個趴在爸爸前面地上的影像，他覺得需要站出來），以幽默的方式對抗權威，將受傷打包丟掉，支持著麥麥。

下一次的會談，我們一樣聚焦在不信任別人的主題上。麥麥從她現在往往折騰了一個早上，到了下午四點坐在資料前面，就會很想睡覺、沒有動力的情境開始。她在追蹤這樣的經驗時，感覺到頭痛、緊張，覺得自己沒有辦法信任約訪的人，但是也想要能相信已經訪談過的人。

內心的衝突

麥麥才剛提取了現在觸發的情境，一個不知從何而來的刻薄聲音就告訴麥麥：「為什麼要寫論文，把自己卡在這樣卑劣、無恥、軟弱之中？」

我一樣歡迎這位夥伴，這次麥麥沒有辦法知道這位夥伴的年齡，好在夥伴願意告訴麥麥，他／她的工作是要展現堅強、強硬，不喜歡的不要做，信任自己、照顧自己。麥麥了解到原來這位夥伴是要照顧自己，她感受到一份溫暖，也同時浮現了一段小學五、六年級去阿姨家的記憶片段。當時在阿姨家，姨丈摟住自己的胸部，她將事情告訴媽媽，媽媽卻認為沒有這回事，不信任當時的麥麥。

在分享這段記憶之後，有一位大哥出現，帶著小女孩的自己去河邊散步。對那個刻薄的聲音，麥麥心中逐漸有樣貌浮現，那是如同女鬼般的年老女士。小B出現替女士說話。小B告訴我，那位女士很餓，也痛恨別人用這樣的方式對待她。女士也擔心採訪兒虐的議題，特別是提到身體虐待，可能會觸動當時的記憶。大哥這時候也說話了，他想要成人的麥麥在聽錄音檔的時候，可以試著信任現在的自己、照顧自己。在自我狀態治療學習中，羅賓．夏皮羅（Robin Shapiro）曾經提過一個更接近內在夥伴真實樣貌的方式：**脫掉布偶裝**。我請麥麥到年老女士身後看看有沒有一條拉鍊？如果有拉鍊，請她試試看能否拉下拉鍊，看看裡面有沒有藏了什麼？就在麥麥拉下拉鍊之後，出現了一位金黃寶寶，這個寶寶需要被關心，似乎過去長期受到忽略。

一週之後碰面，麥麥告訴我金黃寶寶仍需要被幫助，在回去不久之後，金黃寶寶又變回了老女士。（**這樣的情況在仍有創傷記憶未適當被處理前常會發生，在某些時刻帶來的狀態改變並不穩定，可能又會回到近似原本的狀態。**）不只是老女士，這次有一位憤怒小孩一起前來。在前幾天媽媽不只要麥麥趕快寫完論文，又要她在這個時間點不要只做兼職工作，還要求她要去找份正職工作的情況下，憤怒小孩出現了！

麥麥心中有衝突，一方面在想要怎麼幫助父母，一方面也困惑自己為什麼要幫助這些傷害自己的人。我們試著跟隨著憤怒小孩的情緒，回到了國三的一段記憶。當時麥麥準備要考基測，在廚房裡看到刀，觸發了想砍媽媽的衝動。也是在國三的這個時刻，麥麥第一次注意到憤怒小孩。

我們再一次把注意力回到現在的觸發情境，這時候出現了幫媽媽講話的部分，不讓憤怒小孩出現。這個幫媽媽講話的部分，希望麥麥可以自己承擔憤怒的情緒，認為透過這樣的方式，她比較不會受到傷害。憤怒小孩在這時候提出了質疑，「為什麼不能表達生氣？都沒有人聽我想要什麼，不想考國中第二次基測，爸爸卻要求自己要考臺北市的學校。」在這次的過程後，麥麥覺得目前要先照顧金黃寶寶和憤怒小孩。

想要傷害媽媽

接下來幾週，麥麥一週安排三天工讀，將注意力暫時轉移到與論文不相關的事情上。一陣子沒有聯絡的爸爸又開始傳訊息過來，他總覺得有人心裡很痛恨他。麥麥的思緒又來到國三基測，當時爸爸只要求她考試，但沒有其他關心；媽媽則負責讓麥麥去考試。這次記憶中的片段增加了些，麥麥留意到在廚房看到刀之前，她一個人往廚房存放刀具的櫃子走過去。這段記憶同時帶起了她緊張的情緒，也感覺身體似乎僵住了。

前一次不讓憤怒小孩出現、幫媽媽講話的部分在這時候說話了：「**因為妳會傷害媽媽**。」這是一個身材纖瘦、留著波浪捲髮，年約三十歲的美麗女士「碧」。她正在監視旁邊坐著的一位先生，先生就是原本麥麥以憤怒小孩來稱呼的部分，他的年紀也是三十多歲，有著冷靜的氣質，帥氣的外表，必要時可以痛下殺手。他會在麥麥感覺到脆弱、狀態不好的時候出現，想要保護她。

麥麥告訴我，先生的學識很高，他有點「平日從事科技業，但戰爭時要變成軍人上戰場那般不反擊會完蛋」的味道，認為有些事情不得不做。在預備要執行任務之前，他都待在自己房間抱頭思考。麥麥敘述這些夥伴的時候，讓我有個感覺，其實她可能已經認識這些夥伴一段時間了，對他們的背景有所了解。麥麥治療期間，當我有機會認識到這些夥伴時，她會很自然地把所知道的訊息告訴我。我也不時提醒自己，我們在治療中有很清楚的目標，即使這些訊息很有意思，但是如果太著迷於這些夥伴的多樣性，探索他們太過細節的資訊，那只是滿足了我私人的好奇心而已。

麥麥母親的言語在生活中持續觸動著先生的神經。來會談前一晚，麥麥剛洗完澡十分鐘，因為她沒有馬上把浴室地板拖乾，媽媽就生氣得一直念。但同樣的事情，媽媽卻從來沒有念過弟弟。在麥麥心裡出現一個畫面：**有把刀插在媽媽背上，也同時插在自己身上。**

再一次請大家來到內在的會議空間，除了成年的麥麥，在場的還有小B，他緊張的窩在房間一角，觀察其他部分，留意有沒有任何夥伴失控暴動。在場有一位年齡介於三十到四十歲的「猛男」，他帶著激動的情緒、火爆的脾氣，全身上下充滿了憤怒。他的腳鍊鍊住腳的地方已經紅腫了，但他似乎不在意，只覺得所有的一切都不公平，想要透過殺人來剷除不公不義。其他幫媽媽講話的內在小孩則會攻擊他，其中以「小姐」為首，「小姐」似乎是權力很大的領袖，也是內在世界裡媽媽的守護者，似乎有點像是內在世界裡，原本真實世界媽媽的化身。不過也有像8+9的內在小孩，覺得「猛男」其實是可憐人。麥麥在分裂的內在世界中，看到一道對自己憐憫、慈悲的能量。

回到真實世界中，麥麥觀察到經歷了週一的低潮、週二的焦慮，到了週三去工讀的時候，不快樂的感覺很快被什麼不知名的東西吸進去，但是也好像有什麼要爆發，連電玩遊戲中的NPC都讓她覺得很煩。她邊玩著遊戲，甚至有內在部分出現要攻擊男友的影像。麥麥在廚房裡遇到媽媽，雖然沒有看到是哪位夥伴，但是感覺到有內在部分有攻擊企圖。對於這點，「小姐」很難過，也努力地想要捍衛媽媽。但是對於動作快到看不見，又想要攻擊媽媽的內在小孩，「小姐」很緊張。

我們試著去了解把感覺吸進去的部分，「盔甲男」出現了，盔甲吸入了情緒，隨之而來的是一股空洞的感覺。「盔甲男」告訴我們，他的工作是要阻礙情緒表達，他認為麥麥對於生氣的情緒太敏感了。有意思的是，當詢問「盔甲男」需要什麼的時候，他回答想要有一點情緒。

在複雜性創傷中，很重要的一點是去**辨認內在小孩的工作和需求**。即使內在小孩有各自擅長的工作，但其實有時候內在小孩自己也不見得喜歡這份工作帶來的感受。在這裡，「盔甲男」為了避免麥麥感受生氣，利用阻礙情緒的方式來應對，但是「盔甲男」本身也想要有一點情緒，這就為治療帶來契機，得以協助發展不同的因應方式來處理本來的工作。

符合媽媽的期待，我才能被愛

麥麥的弟弟似乎也有一些狀況，他在感情中遇到了問題，以致目前不想要工作。麥麥的右手畫了個叉，心裡出現了一個斷手斷腳的畫面。有一個內在小孩正在批評「盔甲男」，這個內在小孩告訴我們在和媽媽相處的時候，就是他要工作的時候，他的工作是要保護麥麥做得更好，不再受批評，可以被媽媽所接受。這時出現的是惡魔的臉，其他的內在小孩對於惡魔普遍都感受到畏懼。惡魔告訴我們，沒有必要去了解廢物（盔甲男）。這次再詢問惡魔需要什麼的時候，我踢到了鐵板，他告訴麥麥要殺了我。另一方面，他又警告我們，麥麥聽錄音檔會觸碰到和父母之間的依附關係議題。

再一次，我們把注意力回到了國三基測的記憶。畫面一樣是媽媽生病要早早去休息。麥麥這一次可以在價值／缺陷的核心自我認知上辨認到有「**我不值得被愛**」的負向自我信念。對我來說，能夠提取記憶中更深一層次訊息是一種進展，之前在評估時，麥麥只能辨認到「**照顧媽媽是我的責任**」。

不過我在這裡犯了一個錯誤，但我當時並不知道。錯誤就是在設定治療目標，也就是麥麥想要相信的正向信念時，她選擇了「**我值得被愛**」，乍看起來這樣的選擇合情合理，但是麥麥相信的程度只有1分（1分是**完全不真實**）。在二〇二三年EMDR複訓的過程中，新加坡的老師特別提到1分的含意是，這個目標對於來談者來說可能是**遙不可及**的。更好的做法，應該是要換成麥麥可以稍微感覺真實的想法，這樣連結到正向信念的變化在歷程中比較有可能會發生。

現在回頭看，與身體經驗創傷療法中的擺盪類似，有些人的創傷漩渦太深了，要從創傷直接移動到正向的資源處太遙遠了，需要先嘗試移動到比較中間的地帶。如果再一次回到這個時刻，我建議的中介信念，可能會是「**我嘗試相信我值得被愛**」、「**我學習去相信我值得被愛**」。

歷程更新過程中，想法再次出現分裂。其中一種想法是「媽媽不要走」，另一種想法是「媽媽要走就走」。「小姐」在此時出來說話，要大家不要計較媽媽生病，提醒大家，「守護媽媽，是為了以後媽媽來照顧我們」。「猛男」則是給自己上了腳鍊，告訴自己生氣也沒用。在這個時刻，「猛男」有些認同「小姐」，但是又覺得窩囊、痛苦。

工作遭遇問題

麥麥的工讀在電視節目結束時也跟著結束了，但沒有任何一個工作主管或是同仁，在她的工讀要結束前先告訴她。一開始麥麥在述說時，覺得沒有任何感受或是想法，接著頭痛就出現了，她從頭痛中，辨認出自己可能還是感覺不公平。

畫面回到國二媽媽生病的時候，媽媽往白色的地方走。與以往總是支持媽媽不同，這一次「小姐」對媽媽也有所不滿，接著惡魔也出現將影像撕掉，提出對工讀單位的主任很生氣。麥麥對於「小姐」和惡魔有新的了解：「小姐」代表媽媽、惡魔代表三十歲時的爸爸，接下來「小姐」和惡魔變成了爸爸和媽媽的頭依靠在一起。但是依靠只有一下子，「小姐」和惡魔很快又開始吵架。

麥麥六月開始要實習，指導老師是部門經理，他請下面的主管來與麥麥簽約。在簽約過程中，麥麥感受到被逼迫，就連她的男友也主張不要簽約。另一方面，相對於五月時焦慮於沒有工作，麥麥也想透過實習機會來學習寫稿、念稿。麥麥在寫日記整理自己的思緒時，留意到了「大哥」抱著五歲時的自己。在她五歲時，與大弟意見不合吵架，爸爸很憤怒地過來用字典敲自己和弟弟的頭，媽媽卻只安慰弟弟，即使她也想要有人安慰，卻也不想要示弱。麥麥在自責這些情況是不是自己有什麼問題時，「死神」現身了。

我向死神確認了一下時間的定向感，他可能知道麥麥目前就讀研究所，但是也感覺到在不同的時空中，有他不太認識的其他內在小孩。他的出現是想要殺掉自己，那樣就可以沒有煩惱，也不會有人責怪自己。我詢問了死神他出現的脈絡，他告訴我不管是現在遇到的主管，或者是歷來遇到的許許多多的人事物，都讓他被迫要來執行任務。我與死神商量，有沒有機會嘗試其他應對這些人事物的方式。死神告訴我們：「不能缺席，可以當候補」。

閱讀文獻造成的頭痛

麥麥利用端午節連假回去中部的父母老家。從二月休學之後的這段時間，她沒有收到任何來自指導教授的訊息。她在論文中嘗試探討兒虐孩子的父母為什麼會做這樣的事情，以及怎麼樣協助兒虐孩子的父母。麥麥在論問寫作過程中找尋到病態自戀型人格父母的相關資料，其中有一個特色是：**很多說過的話，父母會不承認**。

麥麥聯想起她的父親也一樣不承認對自己說過的很多話。她一方面在進行資料檢索，一方面也注意到內在世界裡，盔甲男的盔甲中其實是小學到國中那段時期的麥麥自己。似乎也是她對於父親的恨意，讓內在小孩們找惡魔的麻煩，似乎透過這樣的行為可以避免感受到失落。治療才剛觸及這份憎恨，內在小孩們的反應活躍了起來。「小姐」開始尖叫，盔甲男和大哥都表示不喜歡，小B很害怕提到這份情感，殺手已經在待命。

麥麥將注意力再一次回到閱讀兒虐父母的資料會感覺頭痛、頭腦一片空白的情境，她告訴我讀這份資料很痛苦，很像要自我毀滅。「小姐」這時候也搭腔：「讀這份資料是要害死內在小孩！」即使暫時還沒有辦法順利閱讀文獻，但我們對於為什麼沒有辦法閱讀多了一些了解，也更清楚了在內在世界裡，現在所閱讀的文獻，怎麼觸動到過去創傷留在身體的感受、想法，以及內在小孩們的反應。有些治療師會將這樣的互動過程，視為進入創傷記憶處理前的一種穩定技巧。

病態自戀型人格

與一般人都有的人格相比，在DSM-5精神疾病診斷準則中提到，界定為人格障礙症者，會在認知（對於人我的覺察和解讀）、情感（強度、容易改變度、反應的合宜度）、人際功能、衝動控制中有兩種或兩種以上範圍顯著於所處文化中有偏差。這種情況是持續，也引發明顯的困擾和在社交、職業或其他功能減損。而自戀型人格障礙症患者要從成年早期開始，就普遍的表現出自大、需要讚賞、缺乏同理心，至少符合以下九項中的五項：

1. 對自我重要性的自大感
2. 專注於無止境的成功、權力、美貌、理想愛情的幻想中
3. 相信他／她的特殊及獨特，僅能被其他特殊或居高位者所了解，或應與之相關聯。
4. 需要過度讚美
5. 認為自己有特權
6. 在人際上剝削他人

7. **缺乏同理心**

8. **時常忌妒別人或認為別人忌妒他／她**

9. **自大傲慢的行為或態度**

麥麥仍持續閱讀論文相關的文獻資料，她注意到在看到某些資料的時候會頭痛。我們從頭痛作為身體記憶切入點，嘗試提取與頭痛相關的訊息，看看有沒有任何的影像、情緒、想法。麥麥想到十六歲剛從澳洲回來，感覺自己孤立無援，爸爸不負責任，不管她從澳洲回來之後的生活，媽媽也無力去改變什麼，讓她感覺媽媽也放棄了自己。畫面回到麥麥在澳洲的房間裡。她從原本對於自己的負面自我認知：「**我是很大的錯誤。**」嘗試想要告訴自己「**我沒有錯**」過程中，仍感覺在額頭有很多被壓抑的情緒，還沒有辦法辨認出來。

在一小段雙側刺激的過程後，先生對著麥麥說：「我會陪著妳找到下個幸福。」在場的許多內在小孩們，大家沉默的坐成一排，不發一語。這時大哥說話了，他說在這件事情上面很無力。先生又接著說：「我不能動，一動就會殺了父母。」在雙側刺激的過程中，麥麥看到一個爸媽在打架的畫面，但是她對這件事沒有印象。

「**不要進入空白，太容易因為空白中斷。**」有聲音告訴麥麥。

她的思緒接著來到收拾了行李回到臺灣之後，有同學說她變得不一樣。麥麥說，「那時候的我已經消失，我從這個世界離開，已經不是以前的我。先生他知道那個時候的我不會幸福了。他們能做的，是陪我找到下一個幸福。」

這時小姐出來說，「只要惡魔在，就沒有幸福這件事。我想親自解決惡魔……因為不可能解決爸爸。」

麥麥告訴我，「不能夠讓力量流動，醫生也會有危險，小姐在我的心裡做出了掐醫生脖子的動作。」

我把握這個機會，請麥麥慢慢地試試看做出掐的動作，請她留意那個動作中，自己身上所感受到的。這在身體經驗創傷療法當中，是屬於完成攻擊反應的一個練習。麥麥轉達小姐的意思，「小姐說她其實不想戰鬥。」在心裡的世界，小姐抓住惡魔，對著他說：「為什麼這樣對她，綁了三十年的婚姻。」我突然有個假設想要證實一下，於是我提出了問題，「小姐知道自己不是麥麥真正的媽媽嗎？」

麥麥告訴我，「小姐其實知道，但她必須去演出媽媽的辛酸，如果不演，可能我會更恨媽媽。」我想嘗試了解這些不同的觀點可能會怎麼樣整合，請麥麥同時留意感受媽媽的辛酸以及對媽媽的恨意，做了幾次的雙側刺激之後，她說，「自己生下來害了媽媽，她很辛苦。」我看見了一點希望。先生在這個過程中，向麥麥表達了支持，除了原本的殺手任務，似乎開始發展一些不同的可能性。小姐對與惡魔之間的關係，也多了一些了解。甚至在麥麥像家長般接住了小姐原本壓抑的力量，小姐反而因為學習到如何調節而開始轉化她的態度，她不再拘泥於原本的任務，也開始表達自己不想要戰鬥。

治療會感覺脆弱

麥麥仍持續為了論文聽錄音檔、寫逐字稿，過程中她仍然會頭痛，感覺特別耗能。她最近整理心理師受訪的內容中提到，**父母如何跟孩子相處是父母自己的責任**，這對於麥麥來說是新的發現。她也告訴我，來做治療會感覺到脆弱，她嘗試透過這個過程讓自己逐漸變得更強大。盔甲男一度變成蜘蛛，想要吃掉爸媽，但在很久以前，盔甲男是騎士，曾經親過公主的手。而有一位年約五、六歲的娃娃曾經被丟棄又被撿了回來，而她在變成娃娃之前，其實是位十六歲的公主。這讓我想起桃莉．海頓（Torey Hayden）所寫的《康納的世界》（*Overheard in a Dream*）中，蘿拉是一位小說家，創造了一個虛構的世界。在這個幻想世界中，有許多奇特的生物和奇怪的事情。蘿拉在這個自己創造出來的世界中發揮自己的想像力和創造力，作為保護自己遠離痛苦現實的避難所。麥麥或許沒有辦法完全掌控內在世界，但是如同蘿拉，她的內在世界裡有極其豐富的內在小孩，以及屬於內在小孩們自己的故事。

接下來的幾次晤談，麥麥分享在這段時間中，每週只能有不到三十分鐘的時間來寫論文。此外，麥麥表達了對於男友答應她的事情卻沒有做到，感覺到傷心又難過。這股憤怒也指向指導教授，覺得他假裝是好人，實際上對自己不聞不問，跟爸爸的所作所為很像。但是為了生存，麥麥又努力壓抑自己的情緒。每每朋友問起她的近況，羞愧的感覺就油然而生。

麥麥稱這個憤怒的部分為「大王」，他想要透過暴力攻擊性的方式，來讓這些「假裝」是好人的人露出馬腳，這樣麥麥就不會再被欺騙，「大王」也可以順理成章地來懲罰他們。大王雖然自稱年齡是二十七歲，但是麥麥認為他實際上可能小一點。在與大王接觸的時候，麥麥記起了自己幼稚園時不知道怎麼融入人群，當時沒有任何人支持還是幼兒的她融入人群。對於大王來說，請人幫忙是一件壓力很大的事情，也會展現出自己脆弱的一面。

過往的人際創傷經驗，有時會在現在與人的互動情境中被觸動。如果不知道麥麥過去的經驗，相信會有許多人覺得，她對於男友失信、教授失聯的反應未免大了些。而複雜性創傷的核心特徵之一，是**透過言語虐待以及長期忽視摧毀了兒童的自我價值感**。在成長過程中，缺少了提供溫暖和安全依附的人和正向的人際經驗，因而受傷的兒童或是在這樣環境長大的成人，在信任、界線、攻擊性、同理心上常會遇到困難。如果考量到有些來自過去的情緒疊加到目前的情緒反應，或許可以想像累積的情緒被引爆的威力。

這樣的人不存在

麥麥對於要聽錄音檔感覺到抗拒有好長一段時間了，隨著她對於自我覺察能力的提升（與內在小孩互動可以想像是理智腦來覺察情緒腦、本能腦的練習），她注意到自己連要聽錄音檔時，都會想著「我要做好什麼才對得起老師」，也會感覺到自己很丟臉。受到這樣的想法、情緒的影響，麥麥甚至無法打開錄音檔的轉檔程式。媽媽在旁邊提醒

「快做好！」又讓她覺得連轉檔都有困難的自己，沒辦法給媽媽和老師一個交代。

這一次晤談，我嘗試邀請麥麥先將焦點放在幾天後要與指導教授進行的討論。麥麥想像自己可以帶著一點信任，坐在教授辦公室的沙發上，將自己在寫論文中遇到的問題與教授討論，這樣子自己可以鬆一口氣。從未來情境開始的作法，有時候也是屬於資源建立的方式之一。很可惜，她才剛剛感覺鬆一口氣，很快又有了轉變。

「臭婊子！」8+9說。

「和善的感覺是假的，這樣的人不存在。」麥麥注意到自己對人有這樣的信念。

「為什麼都是假的！」「小姐」一邊哭，一邊把話吐了出來。

在多重迷走神經理論當中有個重要的概念：**神經覺**（Neuroception），這樣的感覺是系統用以偵測外在環境中是否有危險。這樣的感覺會從生命早期開始打磨，如果在神經系統發展的兒童青少年階段，周遭人們帶來許多不安全的訊息，同時沒有接受到適時的幫助，那麼神經系統會很擅長、很敏銳的偵測危險，不太能夠感受到安全、信任，麥麥的反應正是如此。

冰凍男孩

這次麥麥走進晤談室時，上身穿著樸素的T恤，下半身穿著裙子，與平常穿著卡其褲或牛仔褲相比，下半身的穿著略有不同。麥麥告訴我，她很久沒有穿裙子出門了，因為自己很不想被別人看見（發現）。「**不想被看見**」就像是關鍵字一樣，讓我眼睛一亮。追尋著這個想法，麥麥帶我回到過去，進行了一趟時空之旅，國中、大學的影像和記憶陸續浮現。她隱約記得國中時與父母溝通的過程，常常讓她有種不被了解的感受，雖然沒有清楚的具體記憶，但大學時的記憶就讓她印象深刻。

「妳的感受很重要嗎？」當時就讀國中的弟弟打了麥麥，她卻得到媽媽這樣的回應。伴隨事件的是「**我不被看見**」以及「**我不需要被看見**」的想法，前者是當時事件中真實發生的情況，後者則是常見為了適應創傷的認知扭曲。至於「**我不想被別人看見**」，則是更進階的創傷性適應，乍看之下好像是麥麥自己選擇了不想被人看見，其實不然。

創傷治療的先驅貝塞爾．范德寇醫師（Bessel A. van der Kolk MD）在介紹複雜性創傷中的發展性創傷障礙時提到，忽視和虐待所帶來的扭曲，包含以下幾點關於持久改變的歸因和期望，這些扭曲是創傷性適應，協助受傷的孩子能夠適應，繼續生活在不安全的環境當中：

- 負面自我歸因。
- 不信任保護者。
- 喪失對他人保護的期望。
- 喪失對社會機構保護的信任。
- 缺乏求助於社會公正／報復的途徑。
- 未來再次成為受害者的必然性。

在設定相關的正向認知目標，麥麥設定了「**我可以肯定、照顧自己的感受**」，在場的「先生」、「大哥」、「小女孩」都同意。這時候，麥麥注意到一位年紀大約是國中生，身形卻像是小學五、六年級的男生躺在床上。麥麥介紹這個小男生喜歡追趕蝴蝶，但是為了不引起衝突，只好讓自己保持空白，才不會傷痛。**生氣的情緒就像被一股無形的力量冰封了起來。**

「**沒有感受了，我尊重小男生。**」先生說。

「**傷好了。**」大哥這樣說。但麥麥擔心其實大哥根本還沒接受治療。

小女孩在旁笑笑沒有說話。

這是我們第一次遇到冰凍男孩。

愛是有條件的

即使謄逐字稿會有些頭痛，麥麥每天持續謄寫三十分鐘，直到內在有聲音說「**我不要妳講話**」，接下來頭腦會一片空白時，就會需要停止寫論文。

有另外一個小女孩，是小時候的大王，她負責管理記憶的畫廊。她在晤談室裡分享一幅畫廊中陳列的記憶畫面：那是在早餐店裡，媽媽當時回答不出愛不愛麥麥，旁邊還有一幅在急診室的畫面，在急診室的媽媽表達了對麥麥的關心。

「**愛是有條件的，而我不值得被愛。**」小時候的大王說。

惡魔在哭。

「**我很累，這一切都是我的錯。**」小姐說。

「**媽媽會不會覺得我是恥辱？**」有個三、四歲的「條紋小孩」裹著小毛毯，有點膽怯的說出這句話。

「小學五年級自然考八十九分被媽媽打。」麥麥補充說，自己不重要，要達到媽媽要求的才重要。

「我不用再表現出她要的樣子。」麥麥在經歷了雙側刺激的過程，內在許多的對話之後，出現了一個新的領悟。有這樣的領悟是好消息，我也跟她說明，她過去習慣依照媽媽所要的來行動，即使有新的領悟，或許這兩種可能性會並存。或許她有些時候不用表現出媽媽想要的樣子，但即使有時候會想要表現出媽媽所要的樣子，也是在創傷療癒過程中常見的，也就是**即使發展出新的因應方式，有時候也會走回舊的路子。**

「國三第二次基測時，想殺了媽媽。」大王冷冷地告訴我，這也提醒我還有記憶沒有被處理，整合還不穩定。即使有了進展，可以稍微開心一下，但還有很多事情要做。

嚴以待己的可能源頭

麥麥告訴我，現在她聽逐字稿時比較放鬆，比較能聽得進去。在生活中與家人和男友互動時，她觀察到一些會觸動自己的地雷，像是大弟在吃甜筒的時候，態度不好就會讓她想離開，一方面也覺得自己沒有用。另外像是與男友一起嘗試學習投資股票，沒有賺到錢的時候，就會覺得自己無能。

在EMDR治療中，澳洲的Siggy老師有提過一個比喻，**如果都只有在砍樹枝（最近遇到的事情），那這個樹會處理不完，要處理的是樹根（早期的經驗），才能夠連根拔起。**

我們就循著這些樹枝，記憶回流到十八歲要考大學的那段時間。當時已經考完試，麥麥想要與父母討論志願如何填寫。媽媽一開始的態度是隨便她想填什麼就填什麼，要她自己填寫；爸爸則是邀請麥麥去姑姑家討論。媽媽與姑姑的關係素來不融洽，當媽媽知道麥麥去和姑姑討論後，開始默不作聲，並拒絕再跟她討論，並覺得麥麥背叛了自己，不想要麥麥了。後來麥麥上了法律系之後，她向媽媽抱怨不喜歡法律系，媽媽的反應就非常冷漠，覺得麥麥是自討苦吃。麥麥有個領悟，自己在生活中沒辦法享受一些輕鬆，總是對自己很嚴格，好像與媽媽有關係。

在找尋樹根的過程，我們通常會想要聚焦在一個特定的時刻。在這裡，麥麥記起母親在自己大學指考時說過「**不夠認真**」這句話。她的頭開始覺得不舒服，身體非常疲憊。在治療時刻突然出現的身心反應，像是突然開始頭痛、疲倦，常常是身體在告訴我們，不只是文字內容上的記憶，而是身體真正記得那時候留下來的感受。

「做不好就要被督促。」一位像是一九〇〇年代海倫凱勒穿著的女老師在麥麥心裡這樣說。

這位女老師認識條紋小孩。條紋小孩一邊在草地上玩耍，一邊也擔心會受到批評。

「沒家教。」女老師告訴條紋小孩，麥麥的爸爸會這樣說。

同學會

麥麥有在門診拿一點血清素藥物。這次要來晤談前兩天沒有藥了，麥麥注意到夢多了一些，大家（內在小孩）的聲音也多一些。其實血清素藥物的適應症[1]多半與憂鬱、焦慮有關，有少數藥物有創傷後壓力症的適應症。不過如果是複雜性創傷、發展性創傷、解離，開發製作藥物的大藥廠就比較少這樣的研究資料；甚至在精神科年會，藥廠所舉辦的衛星研討會，專門請國內外大老來講解藥物的使用經驗，這種不在仿單上的適

1 藥物有所謂的適應症，會寫明在仿單上。需要透過藥廠做大型研究，透過幾個研究結果來向政府食藥署申請可以應用在哪些疾病上，這些疾病就是這個藥物所有的「適應症」。

應症是不會有人做分享的。因此，許多資料可能需要靠學術網路上的研究文獻、國外創傷專家的訓課課程、同儕之間的經驗交流來獲取。我的觀察是血清素藥物可能會促進神經系統朝向比較平靜、放鬆。這種情況下，內在小孩也有機會比較輕鬆。

《記得你是誰——哈佛的最後一堂課》中，老教授提醒同學們，畢業之後不要參加哈佛校友會，因為彼此在成就上的比較，可能會讓人偏離了原本的志向。麥麥參加了同學會，即使同學間沒有炫耀目前的成就，光是彼此討論近況，也意外觸發了內在小孩們各樣的回應。

「不安全。」大王露出了敵意。

「不適合透露家裡的事情。」小姐提醒。

條紋小孩雖然沒有說什麼，但是露出了羞愧的樣貌。先生也是一句話也沒說，但是感受到了不安全，並開始戒備。

如同《記得你是誰》中教授的提醒，想像的未來會影響現在的態度。曾經發生的過去，也同時在發揮影響。

內在世界裡，條紋小孩被關在禁閉室，女老師在打條紋小孩，大王出現把小孩帶走。「繃帶大叔」是內在世界裡最早的領袖，大哥原本是大叔的助手。大叔以前是一位將軍，曾經擁有一支軍隊，但是大叔感受不到愛，無法品嘗生命的美好。大叔離開軍隊，外出尋找意義，即使有許多內在小孩都在嘲笑這樣做的大叔，但他作為一個曾經的戰士，仍邁著步伐向前進。

「**大王和大叔是內在小孩裡承受最多的，而大王因此不相信人。**」麥麥告訴我。

在恨的世界裡尋找愛

麥麥在生活中與媽媽互動時，要拿刀的想法還是時不時會出現。我們追蹤著拿刀的想法，記憶中的畫面來到國三第二次大考之後，麥麥與媽媽一起坐在沙發上看韓劇。廚房那頭沒有燈光，是黑暗的。

「**要結束這件事，媽媽是幫凶。**」大王說。

內在的世界裡，有一個開會的空間，大家輪流發言。

「**世界都是恨，還有誰可以相信？**」大王率先說。

「**家人是唯一一點點愛的寄託。**」大叔接著說，麥麥提醒我，**大叔在尋找愛。**

「家人有不得已的苦衷。」大叔又說。

麥麥告訴我，她沒有能力感受大叔這句同理的話語，但是她留意到大王很難進行歷程更新，因為可怕的是這個世界。接著又出現了一個她不確定是真實或想像的模糊畫面，畫面中有女性拿著棍子，有孩子跪在地上哭。

安全的感受

從前線退下來的烏克蘭傷兵，到西部暫時沒有受到砲火波及的醫院接受治療。不只是外傷、腦震盪這類的生理傷，經歷無情砲火轟炸、同儕有去無回的生離死別，也讓他們心理受了傷。美國EMDR老師到當地訓練在地的創傷治療師，也真槍實彈與住院中的士兵工作。「我感覺不到安全，」有位士兵告訴老師。從一小段在前線基地的記憶做EMDR歷程更新，過程中原本士兵不知道是因為使用大量的鎮靜藥物，抑或是受到極度驚嚇後的淡漠麻木的表情，臉上有些面部肌肉開始運作，從臉頰、嘴角，說話時開始加入表達的肌肉，以及從嘴裡告訴老師「我現在可以感覺到安全。」很明顯的，在過程中，不安全的感覺開始改變。

老師停下影片，有同學舉手發問。

「烏克蘭還在戰火之中，可以感覺到安全，是不是一個不合理的目標？」

老師露出了微笑，點點頭接著說：「妳說的沒錯。烏克蘭還在戰火之中，這場戰爭對於烏克蘭的人民來說已經持續了好幾年。不過在士兵接受治療的當下，戰鬥沒有在醫院發生。因此，在此刻是安全的。在安全的時刻，可以感受到安全，是合理的目標。」

我認同大王說的，世界上有許多仇恨，但我想這個世界上也有愛。**如果在遇到愛的時刻，可以感受到愛，是一個合情合理的目標。**我想，大王也值得感受到愛，即使還有很多障礙。

大王的十字架

麥麥在聽打逐字稿的過程中發現，如果是比較輕鬆的內容，她可以持續工作六十分鐘，比較困難的也可以持續到四十分鐘。她現在的重心都放在論文寫作上，連夢境中都還在工作。常常有人會詢問心理治療的工作大概要做到什麼時候？像麥麥開始在論文寫作狀態中有所變化，就是治療持續有朝向目標（**完成論文**）的好消息。

上一次跪在地上哭的畫面，連結到「五歲時爸爸拿字典砸自己和弟弟頭」，麥麥想要繼續更新這段記憶，大王的影子就是從那個時候開始出現。麥麥注意到自己感到困惑，原本以為爸爸是要來幫助自己的，卻留下懼怕父親的印象，好像遇到了事情，都要由自己來承擔後果。

在內在世界裡，麥麥站在一堵玻璃牆之前。

有一群僧侶騎乘在狼的背上，在沙漠中有個集會的場所。

「太危險了！擔心要面對被拋棄的經驗，如果哭可能又不被允許。」

一句話清楚的表達了，畏懼面對創傷經驗，也迴避面對情緒。

大王的心黑的像墨汁，內熱外冰，從五歲的那一天起，從小孩子的顏色變成了黑色。這股黑象徵了必要之惡、生存之惡，如果爸爸還在、媽媽需要我們照顧的一天，大王就需要繼續背起十字架。

「修行者貿然進去會有危險。」在了解了大王的故事之後，大王用自己的方式表達了關心和允許。

誰能伸出援手？

校園缺乏足夠心理諮商資源的報導，意外觸動了麥麥過去的諮商經驗。在她心中有個畫面，有把刀插在諮商師身上。當時她有想要談談爸爸的情緒虐待和媽媽的情緒忽視，但是她覺得諮商師不認為那些經驗是虐待或是忽視，就好像好不容易鼓足勇氣嘗試伸手去尋求協助，碰上的卻不是一個能夠倚靠的對象，甚至不能夠相信。在這樣的情境下，麥麥覺得自己不能夠失敗，失敗就等同於自己要消失，自己的世界要崩塌了。仇恨讓上半身撐起了一股力量，支持著麥麥生存。

「**我不相信我可以選擇相信誰。**」麥麥說。

一開始雙側刺激，小大王就帶著麥麥去了黑色森林。森林裡充滿了被懲罰、被虐待、也有自殘的經歷。透過這些，麥麥也學會了懲罰的方式，複製了一份暴力在森林裡。

繼續接著雙側眼動，內在的世界中，盔甲男在公園裡，但是聞不到花香。大叔在公園裡，但是看不到花。

隨著眼動，麥麥內在世界的內在互動、想像或是記憶也繼續進行。盔甲男想到美好的從前，當時有小朋友在身邊。下個瞬間，大王將犯錯的心理師丟到禁閉室裡。

繼續一回合的眼動，來到父母吵架、小大王在旁邊哭的一段記憶。麥麥注意到了一個想法：「都是我的錯，害父母吵架。」

在孩子成長的早期，常會認為自己是世界的中心，發生的事情都與自己有相關。我假設「都是我的錯，害父母吵架」這個想法來自童年早期，五歲看起來是一段關鍵的時間，當時發生的一些事情，穿越時空對現在留下影響。

試著推倒牆的大王

麥麥來晤談的時候，提到她最近訪問了教育部的社工，社工師工作的對象是一群十五到十八歲，沒有繼續升學、也沒有工作，參與陣頭的孩子。這些孩子的自我概念模糊，不知道自己的容身之處，感覺很焦躁。這樣子的情況和感受，不只出現在這些孩子身上，也困擾著麥麥。

我再一次請麥麥將注意力回到五歲，做記憶的再評估，這次的畫面變成五歲的麥麥在家裡打爸爸。即使她想要相信自己值得被更好的對待，但是感覺卻完全不真實，甚至有恐懼、想復仇的感覺。

眼動開始，記憶與內在世界再度開始交錯：

金黃寶寶再度穿上了外衣，變回了恐怖的老太太，冰凍小孩和僧侶也出現了。

再一組眼動，畫面中大弟的頭扭斷了。

繼續眼動，大弟喝酒後殺了爸爸。

持續眼動，小大王殺了爸爸，被送到監禁室裡。

堅持眼動，麥麥回憶起小時候自己與大弟很要好，但是爸爸不喜歡大弟，因為覺得他太軟弱。

又一組眼動，麥麥覺得沒有保護好弟弟是恥辱，而沒有辦法保護媽媽該被懲罰，也感覺到無力。

接著眼動。「不會停下殺掉爸爸的想法！」大王這樣說的時候，其他人拉住他。

相對於其他內在小孩拉住大王，我試著告訴大王，不要輕易放棄想殺掉爸爸的想法，這可能是一種保護自己、對抗無力感的力量，而**健康的攻擊性，是我們所需要的**。辯證行為療法中有一個技巧「魔鬼代言人」（Devil's advocate），是我自己很喜歡的。當內在有所衝突時，如果我嘗試去拉住大王，我想像這是過去他已經歷過太多次經驗，沒有人同理他。但是如果在治療時間裡，我刻意去替大王說可能他想說的話（替他代言），有時候有機會讓僵局產生改變。接下來我請大王試試看帶著他的力量，將雙手按在牆壁上，在手掌、手臂上感受著自己的力量，使用原本想用來殺掉爸爸的力量，用力地推向牆面，想像要把牆壁推倒。

魔鬼代言人：

屬於辯證行為療法中的辯證策略，利用在有兩種選擇而來談者可能對其中一種選擇有很多抗拒時，例如在此大王想要展現攻擊性，但是過去常常被阻止。在這一次的治療中，他可能也預期又會被治療師所阻止。這時候透過我刻意跳過去大王原本想要選擇的那一邊（展現攻擊性），以一個出乎大王意料之外的方式來面對這個兩難的情境，讓他慣有的模式暫時失去平衡，大王就有可能會多出一些思考和對話的空間。

在嘗試推倒牆壁之後，麥麥畫了一張圖，大王對於可以感覺到自己的手、腳，以及支持手腳推動牆壁的力量，感覺很奇妙。原本在他腦中揮之不去、想要殺掉爸爸的想法，也像是海浪退潮般退去。

▌嘗試推倒牆壁的大王。

無法設定正向的想法

在整理訪綱和逐字稿時，麥麥感覺很焦慮，無法忍受無法掌控的情況，「全部訪談內容都要懂，要做就要做完美，才能得到好成果」，也要避免不安全的突發事件。她的內在世界裡有一位倉庫內的小男孩，倉庫裡面有很多槍枝，他命令很多大人保護他。小男孩曾經遇過恐怖的事情，所以他透過槍枝和大人來擴張他的安全範圍，讓令他害怕的那個人不會過來。

「小學五年級自然考八十九分被媽媽打」的記憶再度浮現。

畫面中除了被打哭的麥麥，媽媽也在哭，現在的麥麥就像是從第三人的觀點看著當年的自己和媽媽。

「我很沒用」，麥麥甚至無法設定想要告訴自己的正向想法。看起來這不是一個理想進入創傷記憶的時機，有時候治療師要像是拿著捕蟲網，捕捉在空間中出現的有用資訊，如果沒有一開始就有個明確的目標，通常要耗費更大的精力，去捕捉可能在麥麥意識邊緣的資訊。

嘗試開始第一組雙側眼動，麥麥說：「沒有辦法達到父母的期待，為什麼活著？」

繼續眼動，她說：「大哥出現，折斷母親的棍子，帶走小時候的麥麥。小姐也帶走媽媽。」

再一組雙側眼動，她說：「一直連結到爸爸，學習到遇到事情要先忍耐。」

接著雙側眼動，麥麥說：「小男孩槍口對著自己，弱者應該要死。」

我們似乎已經走得離主題「論文寫作」太遠，於是我請麥麥將注意力回到今天一開始訪問受訪者的經驗上，看看她會留意到什麼？

「擔心對方發現自己不懂，也希望對方辨認出來自己不懂、同理自己。」麥麥說的是一個老師口中全世界的人都會遇到的困境。

這次的歷程，讓麥麥辨認出內在世界中一個焦慮的來源：倉庫小男孩。

「下週還要訪兩位心理師。」麥麥說。

在美國國家行為醫學臨床應用研究所（National Institute for the Clinical Application of Behavioral Medicine, NICABM）的線上工作坊：〈與「永遠不夠好」的核心信念工作〉中，辯證行為療法的創始者瑪莎．林納涵博士提到，當她遇到覺得自己不值得被愛的來談者，她常常先做的事情是先詢問「有證據證明它是真的嗎？」而她得到的回應常常會是「證據就是我有這種感覺」。林納涵教授提到有很多研究顯示，人們會從他們的感覺（特別是恐懼或焦慮）去構建一個故事。實際上原本只有焦慮的感覺，然後大腦就將一個故事附加在上面，想著「也許我可以控制它」。

逃避的互動模式

麥麥自己半工半讀，有時候父親會援助她一些錢。她發現自己只要是拿到爸爸給的錢，好像都留不住，會想要趕快把這筆錢花掉。麥麥注意到與花錢的行為連結的一個想法，就是爸爸沒有花心力在孩子身上，她長大之後也不想要再與父親聯繫，而爸爸給的錢就是一種聯繫的象徵。麥麥注意到了自己與爸爸有逃避的互動模式，而這樣的逃避也發生在治療室裡。這一次晤談，麥麥不想要處理與爸爸相關的互動經驗。

在內在的世界裡，現在是夜晚，時間與外在時間不同（晤談時間是在白天），越來越少內在小孩來開會，大哥很擔心內在小孩之間失去了凝聚力。

當逃避行為出現，擋在創傷記憶之前，我請麥麥不妨就先將注意力放在逃避上，試著做幾組雙側眼動。

「爸爸匯錢之後，有傳訊息過來。」條紋小孩提供我一些訊息，但是接下來條紋小孩就把自己關在地底。

再一組雙側眼動，冰凍小孩透過麥麥告訴我，「地上有很多被冰封的出遊照片，看起來很不真實。」

繼續雙側眼動，「曾經來了一位戴著牛仔帽的大人，不知道為什麼把男孩打得鼻青臉腫，一覺起來，多了一群羊。」麥麥認為羊群可能代表爸爸給的錢。

冰凍小孩凍住了很多記憶，條紋小孩也同意這樣做，倉庫小男孩提醒冰凍小孩不要影響到農作物，三個小孩似乎有過一些共同的經歷。大哥對於三個小孩願意以自己的方式來面對感到欣慰。

再好的人都要小心

麥麥寄信和指導教授約時間，奇怪的是當她收到教授答應要討論的信件，卻感覺到失落，甚至有種「教授很忙，我還打擾他」的想法。不只是教授，麥麥注意到自己對很多事情以及與許多人互動的時候都有類似的想法。她花了一點時間注意這個想法，注意到自己有個想法：「**我不值得，也沒有人會為我妥協**」。這種想法看起來與成人理性的判斷大不相同，對我來說，這是一種她在成長階段曾經用來保護自己的內隱性記憶，以認知的形式在現在的生活中發揮影響力。

上次晤談回去之後，麥麥沒有辦法聯繫要邀訪的對象，也沒有辦法擬定訪綱，論文寫作的效率明顯較之前下降。即使指導教授告訴麥麥，他建議她去邀約的社工師是好人，她也沒辦法去聯繫對方。以不想邀約社工師的程度打分數，0分是沒有不想約，10分是非常不想約，麥麥給的分數正是滿滿的10分。不只在現實生活中，在夢中的麥麥需要幫助時，夢中的男朋友也不來幫助她。

「**再好的人都要小心。**」有個都是空的地方傳來這樣的訊息

我向麥麥介紹神經系統會有自己判斷安全或是危險的機制，這個機制與成人邏輯理智的判斷無關，也就是史蒂芬．波吉斯教授提到的神經覺。我請麥麥把注意力放在「再好的人都要小心」以及身體上感受到「空的地方」，花一點時間留意會不會再出現什麼資訊。麥麥開始注意到「小姐」在擬訪綱時覺得很委屈，而整理訪談資料則讓「小姐」很害怕。

「**不要去想！**」冰凍小孩質疑麥麥現在做的練習。

麥麥浮現了在人行道看著爸爸背影的一個記憶畫面，爸爸對她說：「不要靠近我，去找媽媽！媽媽對不起我們家。」

在內在世界裡，8+9覺得受夠了，跟想要做這個論文題目的大哥吵了起來。大哥告訴8+9，自己會看著論文進行，協調不同內在小孩的任務分配。由8+9負責打電話邀訪，肌肉男則負責當天的訪問。經過協調，麥麥不想邀約社工師的程度降低到4到5分。

蘇珊・強森（Sue Johnson）博士是情感取向伴侶治療的創始者，她提到「**我們總是在我們的心中與我們的依附對象交談。**」麥麥與爸爸、教授、邀訪者互動時，依附關係發揮了巨大的影響力。生活中發生的是收到爸爸的錢，心中發生的是曾被打得鼻青臉腫；教授回覆了要討論論文的信件，心中的阻礙是自己不配得到這樣的支持。心中有些內在小孩沒有感到被看到或是被接受，特別是被我們所愛的人（或是父母）看到和接受，缺少了這樣的經歷，我們只能夠選擇其他方式來應對人際互動。

不只一個人在逃

大弟的感情生活似乎出了一些狀況，媽媽最近常常從大弟房間裡面整理出一支支的空酒瓶。媽媽即使整理了好幾次酒瓶，對麥麥抱怨了很多次「大兒子的藥要吃到什麼時候」，但媽媽一次也沒有與大弟討論發生了什麼事。媽媽好像小心翼翼的避開直接與大弟互動，就像媽媽對待爸爸的方式，媽媽在男性家人面前自動矮了一截，甚至會拉麥麥一起。麥麥與小弟確認過自己的感受，小弟也認同，大方的承認自己是既得利益者。這樣的情況讓麥麥隱隱覺得自己被犧牲了，卻好像常常會不記得有過這樣的感受。

更糟的是在晤談的前一天，媽媽跟爸爸在談離婚。麥麥提到這裡，有種冷酷的感覺，她留意到這加深了她不能信任人的想法，甚至在腦中浮現「敵人」這個詞。考量不能信任人會阻礙麥麥做採訪、研究，我們就試著先針對這個緊急事件做處理。

隨著眼動減敏開始，麥麥回到內在世界，裡面有人喊「救媽媽！」媽媽騎著一輛古早收垃圾的腳踏車，麥麥抓住緊跟在腳踏車後方的爸爸，不讓爸爸打媽媽。

經過將要滿一年的治療歷程，我了解透過內在世界的互動來整理經驗，是麥麥的特色，也就繼續眼動減敏。我想訓練EMDR的老師大概會說「不要擋路」（Don't get in the way），特別是在眼動減敏歷程中，來談者的經驗有自發性的持續變化時。

麥麥坐著輪椅，試著跟上媽媽，但是媽媽好像忘記有麥麥了。這時麥麥感覺累到有點不想活了。

「**不想活了**」是在目前的狀態超過來談者容納之窗時常見的現象，也提醒我要主動介入，以協助麥麥回到可以承受的範圍。我試著介紹「健康的自私」（Healthy Selfish）給麥麥，但死神、大王和小姐都出來反對。

「**只為了自己，就像爸爸一樣！**」惡魔說。

不知道是誰告訴麥麥，「沒有去過好地方。」我請麥麥與內在的夥伴們確認，內在世界中有沒有屬於自己休息的空間？

「**不知道！**」內在小孩們與盔甲男不約而同地回應我。我請內在小孩可以想想看，如果可以有各自的休息空間會怎麼布置？或是如果麥麥忙著寫論文的時候，是否可以找什麼樣的人來幫忙照顧？麥麥在這個時候連結到小一的游泳課教練，他有著溫柔的個性。

替內在小孩布置各自的休息空間以及尋找可以在內在陪伴的照顧者，是在《治療創傷相關的解離症狀》（*Treating with Trauma Related Dissociation*）書中提到建立內在資源來因應解離症狀的技巧，可以幫助來談者建立更安全、穩定的內心狀態。

那一天之後

麥麥觀察到一個現象，就是在男朋友有些情緒的時候，她會感覺到自己動彈不得。就像是麥麥的爸爸媽媽心情不好的時候，她就無法表達自己的想法和感受。動彈不得時，自然就無法順利地繼續寫論文。麥麥從LINE的對話中擷取跟媽媽互動的畫面，畫面很快連結到「媽媽對麥麥與爸爸去姑姑家填寫志願表達生氣」的經驗。麥麥注意到這次再度評估時，自己有個想法「我要先安撫父母」，對自己來說就是「**我沒有什麼價值**」。我們嘗試設定了一個目標：「**我是有價值的**」，但是對麥麥來說非常不真實。

嘗試做一組雙側眼動，麥麥說：「那一天之後，做什麼都不是很重要。」

再一組雙側眼動，麥麥說：「先生攻擊姑姑、爸媽，碧出來治療傷患，先生也受傷了，躺在旁邊。」

繼續雙側眼動，麥麥說：「大學的時候曾經有一段時間躺在床上很久……」

繼續雙側眼動，麥麥說：「先生不想要接受治療，覺得對家裡沒有幫助。」

隨著眼動持續，冰凍小孩、條紋小孩、死神都陸續出現，記憶也繼續流動。我不確定原本的記憶發生了什麼改變，於是請麥麥將注意力回到一開始的事件上。

「媽媽不管這件事了，她覺得自己是受害者。」

麥麥有個想法，就是不要讓內在小孩辛苦的來處理這件事情。哈佛醫學院心理系助理教授羅納爾德．西格爾（Dr. Ron Siegel），對於渴望連結和愛，而忙於讓自己感覺夠好、夠有價值的人提出建言。但他不是幫助人們尋找贏的方法（證明自己有價值），而是協助人們尋找連結的方法。在麥麥認為自己沒有什麼價值的時候，除了很直觀的設定「**我是有價值的**」，或許「**我值得有人幫助我、我是被愛的**」也是值得一試的參考目標。

不重要反而輕鬆

在與戒毒協會的人訪談時，麥麥意識上知道對方沒有惡意，只是講話比較直接，但就是有一種感覺，對方是衝著自己而來，自己要負責任。如果覺得事情不重要、不認真去看待事情，反而容易許多。這就好像所有人給麥麥的經驗，她覺得都要接住他們。這樣的人生很累，就好像一關接著一關，沒有盡頭。國中接著就是預備要考高中，高中就是預備考大學，大學接著要準備研究所，讀完研究所要找工作。麥麥不禁有個疑惑，為何有人可以活到六十歲？

我請麥麥把注意力回到論文上，畢竟概念上的想法、廣泛的感受的確也值得花時間討論，但是在晤談時間內，我也有個想法，就是想要讓來談者的時間、金錢和效果能夠花在刀口上。「Every penny spent is worth it.」我腦中依稀浮現訓練時，我常舉手發問，老師會在我發問時這樣跟我開玩笑。

這次我們晤談是為了下週一要將研究中二十個受訪者的訪談資料加以分類、過濾，相較於之前一次整理一個人的訪談內容，又是一個新的嘗試。在評估的時候，麥麥的右膝突然痛了起來，臉上出現難過的表情。這樣的疼痛在進來診間之前是沒有的，最近她也沒有受傷，因此我把膝蓋痛暫時也納入與治療相關的身心反應。還有下背痛，這個則是她在寫論文過程中，比較常會出現的身體不適。我們以下週要做資料分類、過濾的「想像畫面」開始做雙側眼動。

內在世界中有一位成年女性拿起玻璃缸摔碎，小女孩在旁邊看。繼續一組雙側眼動後，有很多內在小孩對於下週寫稿很有意見。持續進行雙側眼動，大叔回來了，他覺得在論文中找到了些什麼。再繼續，大哥、大王、惡魔、小姐都來了。

「誰可以來愛我們？」來到現場的夥伴拋出了疑問

「我們的貓咪。」小大王以平靜的語氣試著掩蓋內心的騷動。很快的，成年女性又開始摔東西，表達不認同。而麥麥則深深的感受到罪惡感，自我批評這些時間自己到底在做什麼，論文的進度很慢。

美國著名的創傷專家柯林．羅斯（Colin A. Ross）醫師研究失序白日夢（Maladaptive daydreaming）與解離症，他發現有創傷解離的患者中有很高的比例會有失序白日夢，這樣的機制可以避免創傷影響、壓力、衝突下的情緒困擾。這次治療歷程中，透過雙側眼動開啟了內在小孩之間的對話，或許正能把原本透過失序白日夢避開的情緒，清楚地在晤談室中表達出來。麥麥在內在小孩表達想要被愛的需求時，她的內心接著出現罪惡感來批評自己。

何處是我家？

麥麥逐步完成了論文大綱，過程中她翻閱兩年前的筆記，感覺又回到原點：弟弟約了爸爸和麥麥一起吃飯，過程中她很緊繃，不由自主地打了幾個哈欠。爸爸不明所以就批評她「打什麼哈欠」，這讓麥麥想起前陣子以來，她留不住爸爸給的錢，拿到手就花掉。這一次麥麥想要嘗試針對這樣的部分處理。

內在世界裡，惡魔撕碎了爸爸的畫像，想要幫助麥麥做自己。另一方面，麥麥的腦海中浮現的是聚會當天，爸爸斜坐在椅子上的畫面。「**我很沒用**」是麥麥伴隨著畫面的負向自我想法，她嘗試設定「**我有能力**」的目標，但這四個字在內在世界不知道被誰給抹除了。

我們嘗試一組雙側眼動，麥麥浮現了大學時期有一段時間躺在床上什麼都不想動的記憶畫面。接著再一組雙側眼動，飄回到她小時候抱著一隻熊熊娃娃，伴隨著爸爸責罵的話語「沒家教」。

內在世界裡，女孩眼睛流血，想要離開現場。大哥和大王在參加一場小女孩的喪禮，大哥承接痛苦，帶著大家轉身離開。肌肉男在昨天聚餐時負責跳出來與爸爸對話，8+9則對昨天發生的事情感到噁心，野獸其實昨天也有出現，而小姐雖然坐著不動，身上也帶著小刀。盔甲男和冰凍小孩則是躲在遮蔽物後面，透過縫隙注意著情況。

「**大家就像團隊合作，彼此傳球**」，麥麥為內在小孩們一起面對前一天聚會的情況下了結論。

覺得安全的世界

過完農曆新年後的第一次晤談，麥麥提到了新年期間理智上想要寫論文，但是又不想寫，於是蓋在被子裡，覺得在被子裡才安全，才是屬於自己的世界，可以暫時避開媽媽詢問論文寫了沒之類的話語。媽媽的詢問讓麥麥再度感覺自己沒有價值，即使想要嘗試相信自己已經做很多了，卻依然對正向想法感受不到一絲真實。

內在世界裡，小女孩躺在地上。「是不是沒寫論文！」巨大的媽媽發出吶喊。小女孩全身冰冷，沒有辦法靠近媽媽。上次喪禮哀悼的小女孩與這次全身冰冷的小女孩是雙胞胎。小女孩守著還在滴水的冰窖，耳邊傳來大家的耳語「這是你應得的」。只要面對父母時感覺到不對勁，就用冰來面對。小女孩表情淡漠，看不出有任何情緒。

「**世界就是這樣，太多令人失望、失去溫度的事情。**」麥麥為內在經驗下了註解。

太在意媽媽

麥麥將二十個人的採訪分類成幾個主題，在整理過程中感覺到又累又挫折。社工老師熟悉兒虐的部分，另一位老師則熟悉別的部分。雖然有兩位教授，但麥麥沒有與教授固定的meeting，教授也沒能夠了解她遇到的困難。麥麥覺得身陷在只有自己知道、別人無法了解的困境中。

在家族治療的訓練中，吳就君老師提到父母與孩子的互動分為兩種方式，其中一種是Parent to Child，也就是父母對年幼子女，比較是上對下的方式；還有另外一種是Adult to Adult，是父母對成年子女，是比較平等的方式。我請麥麥嘗試參考這樣的資訊，她很快地回應媽媽用第一種模式來綁住自己，讓她很在意媽媽，變成像是年幼的子女。但是現在需要有成年人來處理眼前的事情。

「**幽默、生動的傳遞現狀**」，這時麥麥對論文寫作，自發性的提出了一個具體可行的正向目標，也對這樣的目標感覺有將近一半真實的感受。

隨著雙側眼動，她在內在世界裡開始動員。像是摔角選手的壯漢負責寫稿，8+9則是整理訪綱，肌肉男負責去採訪。女老師也一起進來讀受訪者的文稿。

「用同理的部分閱讀，用幽默生動的方式傳遞現狀。」麥麥以一句話說明了新的論文寫作態度。

現在麥麥在家裡不會向媽媽透露太多，只會簡短告訴她自己有在做論文。此外，麥麥也覺得自己很難隨便踏出家門，頂多到公園運動，生活中的一切都圍繞著論文在運轉。偶爾可以去同學家，她也是找張桌子趕緊打開電腦打字。麥麥覺得自己太在意媽媽，讓自己在家裡要寫論文變成了一件困難的事情。相比之下，同學對她沒有任何期待，她反而比較能夠順利寫作。她與媽媽之間存在著隔閡，媽媽既然不能理解，她就不會跟媽媽講，覺得講了會更糟，不如不要講。就好像選志願那件事，講了，媽媽大發脾氣，自己只會更傷心。

再一次回到「媽媽對麥麥與爸爸去姑姑家填寫志願表達生氣」的經驗做評估，麥麥設定了「**我學習表達自己的想法、照顧我自己**」的目標，她注意到自己有一份擔心，似乎設定了界線：「**表達自我的想法，可能會失去媽媽。**」但是她也想到小弟有要求都很敢直接講、很敢與媽媽發生衝突，但也沒有失去媽媽。麥麥也同時針對「表達想法就會失去媽媽」設定一個適應性的正向信念：「**我可以做我自己**」，在設定正向信念的同時，麥麥感覺到手臂被什麼打了。

我們嘗試進行雙側眼動，也進入了內在世界。內在世界裡出現了樣貌如同惡鬼，約三、四歲大的小女孩「Ruby」。Ruby原本像是娃娃一般陳列在木架上，在小姐打掃房間的時候離開了木架。遇到新接觸的內在小孩，我請麥麥替我詢問，Ruby有沒有喜歡什麼、有沒有需要什麼？

「Ruby喜歡貓，需要換成像是宮崎駿動畫龍貓中妹妹小梅那樣田園風的衣服，也需要重新上漆。」麥麥說。

大哥讓小女孩拎著Ruby離開，Ruby在白天無法行動，但是到了晚上又志願要回去原來的木架，守護著木架以及木架上的書籍。

「Ruby願意講故事，痛也會隨著眼動減敏跑到身體不同部位去。」麥麥說。

當內在小孩願意講故事，我通常認為這是內在小孩為我開了一扇門，讓我有機會處理一些過去塵封的經驗。

Ruby身旁有個玻璃瓶，裡面存放了一些過去的記憶。其他內在小孩也想要帶Ruby走，但是她總是想要回到小姐家。Ruby也有過輕鬆躺在草地上的回憶。但是在麥麥大學空白期間，Ruby回到架子上，不了解自己做錯了什麼事，對於要回到架子上感到委屈。

小姐一度要趕走Ruby，她很害怕。到了晚上，Ruby拿針到小姐房間，她用血寫下「I love you」之後，跟媽媽訣別，來到了倉庫，默默地等待小姐來。

故事說到這裡，Ruby和麥麥都覺得難過，Ruby難過的是小姐不愛她，麥麥難過的是媽媽不愛自己，從填寫志願之後，這份難過就一直持續到現在。

願意說故事的Ruby。

男友話語的打擊

麥麥最近與男友一起投資股票，男友比較是當沖客，在股市裡面很快地進出。她則希望放久一點，但是有時候與男友討論還沒有一個共識，股票就賣出了。當麥麥向男友抱怨這件事，男友覺得麥麥給他很大的壓力，他覺得股票是自己賣的，就好像這是自己的錯。男友在兩人爭吵後趕快去買了一張股票，結果買在比較不好的點位。他說自己寧可虧錢買在比較不好的點位，也不要麥麥再念他。這句話對麥麥打擊很大，就像錯誤原來是她造成的，如果她沒有抱怨的話，男友就不會去做這件事。

麥麥開始自責，接著留意到即使沒有發生什麼事情，仍然感到恐懼，就像自己聽爸爸的話，結果造成媽媽對自己的態度很差。麥麥留意到，在這樣的時刻會有內在小孩開始攻擊她，讓她陷入恐懼之中。即使後來男友道歉了，麥麥對男友還是有一種距離感，與媽媽的相處中也有類似的感受。

我請麥麥嘗試從當前與男友爭執的情境來切入，她希望男友可以為自己的決定負責，而自己則想要「**學習表達自己的想法和感受**」。即使她對正向認知可以感受到一部分的真實，上半身卻有些動彈不得，情感有些抽離，就像身體跟心連結不起來。麥麥嘗試在紙上畫下自己不知道怎麼表達的感覺，順著她的畫，以及前面評估到的想法、情緒、身體感受，我判斷麥麥已經有足夠的材料進行歷程更新，於是邀請她開始雙側眼動。

「**小女孩的糖果被丟在地上，她說爸爸不要這樣。**」麥麥轉述內在世界的發生。連結到的內容可能很敏感，冰凍小孩出來用手擋住鏡頭，不給麥麥看。

「**不可以看！**」倉庫小孩也緊張地跳出來說話了，邊說邊把自己手下一群農奴聚集起來，他們準備好武器在警戒，似乎即將發生戰鬥。

我把步調慢下來，請麥麥詢問，不可以看的原因是什麼？擔心看了會發生什麼事情？我嘗試繞著創傷的周圍打轉，確認能否有些什麼資訊。

「甚至連剛才做的是什麼，我有一瞬間都有點忘記了，」麥麥提醒我她在一瞬間有些解離、失憶的現象。我再往後退一步，請教麥麥此刻不可以看的分數是幾分。

「冰凍小孩七分，倉庫小孩八分，其他則一點也不在意，可能不是他們的管轄。」麥麥說。

我請麥麥就只注意這兩個分數，嘗試再做雙側眼動。

「**搞什麼！**」這是爸爸以前罵自己事情沒有做好時說過的話。**嘗試再一組雙側眼動。麥麥說，「這句話就象徵爸爸說：沒有用的女兒！」**

我們回到一開始她與男友爭執的情境，看看有沒有什麼改變。麥麥覺得困擾的程度有些下降，覺得可以跟男友溝通。我請麥麥注意可以跟男友溝通，再繼續雙側眼動。

「**可以溝通就不用冰凍小孩和倉庫小孩。**」麥麥說。

我請麥麥也確認此時其他內在小孩的狀況。先生、盔甲男對於表達自己的想法感覺到陌生；惡魔則表示應該要聽他的，因為表達自己的想法可能會破壞家庭和諧。

「不可能！」野獸對表達不抱持希望。他繼續被鐵鍊鍊著，負責忍耐，不能反抗媽媽。

麥麥內在世界的內在小孩們，就像分工細膩的團隊一樣，透過彼此的聯盟或是箝制，讓系統在一個充滿張力的狀態下保持不穩定中的平衡。至於治療中的劑量，只能夠慢慢一點一點的灌注到系統當中，從微小的地方開始改變。

達到設定的目標

麥麥來晤談的前幾天將論文交給老師，睡眠情況也從交出去之前失眠，變成一直在睡覺，甚至一天沒有吃東西。麥麥有點失望，原本以為交出論文之後，自己的狀態就會好了。麥麥整整有五天的時間沒有辦法閱讀文字，即使用了一點緩解焦慮的藥物，也只是比不能閱讀時稍微好一點，同一個段落還是需要來回閱讀好幾次。她對自己的論文好像失去了熱情，感覺跟自己的論文有距離，就像是去年在打逐字稿時的狀態。

我請麥麥將注意力專注在自己的論文，她注意到有內在小孩在畫叉，甚至有內在小孩看到她的電腦螢幕被打破。內在小孩中還是有些人不喜歡寫論文，即使受到其他力量更強大的內在小孩強迫之下寫論文。過程中，她常常會有頭痛。也有些內在小孩出來的時候很傷心，就像是已經哭了一整天，擔心如果不堅持下去，要怎麼畢業。那種哭的感覺，麥麥覺得很有媽媽的味道，就像媽媽最近聽到她的狀況，也是不斷要她再堅持一下。內在的感受就像有著媽媽信念的內在小孩強勢地拿著鞭子，要其他內在小孩做事。

在與內在小孩互動的過程中，麥麥想到媽媽也背負著來自爸爸的壓力，以前只要她犯錯，媽媽就會受到爸爸責備「沒有教好」。論文寫作的過程時不時觸動著麥麥過去與父母的依附創傷經驗，我的工作就像她的助手，一次一點去鬆動過去經驗與現在的連結，協助她繼續前進。

從交出論文到安排口試期間，教授來回幾次告訴麥麥要修改論文，她都覺得很疲倦，好像一直做不完，自己一直做不好，好像自己沒有辦法做到，有很深的自責感。有個嚴格內在小孩，就像《屍戰朝鮮》裡的禁衛軍統領，他對下屬很嚴厲，只看做事的結果。內在的將軍也一樣要其他內在小孩拿出好成績，證明自己是有用、有價值的。

「**越後面出現的內在小孩越陌生。**」麥麥說。

我嘗試和麥麥以同理的角度來認識將軍，在提出我猜想將軍可能承擔很多過去與失敗有關的經驗，以及這樣的內在小孩通常是很孤單的。麥麥看到將軍想要拂袖轉身離去，但是又留了下來。我請將軍與長大的麥麥一起，再一次重新更新「**小學五年級自然考八十九分被媽媽打**」。這一次大叔帶著恐懼小孩離開，到了盔甲男常去的公園。盔甲男在那裡與恐懼小孩有些接觸，他從一副空洞的盔甲中顯露出一雙十八歲青少年的手，開始享受陽光的溫暖。

一個月後，我在Gmail收到麥麥定稿的論文，我知道她已經達成了當時來做心理治療的目標。

第三部

創傷療癒的開始與結束

9

我該向誰求助？

失戀了許久還是振作不起來，朋友因為摯愛家人過世而走不出來，罹癌之後難以控制的負面情緒，中風之後的憂鬱情緒……等，如果自我觀察一段時間，或是對熟悉的人經過一段時間觀察之後，發現與平常有所不同，這時候往往會有的疑惑是：我或熟悉的人這樣的狀況需要尋求專業幫助嗎？如果需要，該向誰求助？誰是最適合幫助我的那個人？以下藉由功能性評估、情緒控制、自我藥療等面向，協助讀者分析自己或親友的狀況，並介紹精神科醫師、臨床心理師、諮商心理師、社工師的不同專長，協助你找到最適合的隊友。

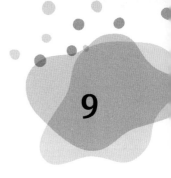

如何判斷自己是否該向專業助人者求援？

此處的專業助人者指的是：精神科醫師、家醫科醫師、臨床心理師、諮商心理師、社工師。經過下列的評估之後，可以大致決定是否要向專業助人者求援。

- **功能性評估**

不論是有什麼樣的症狀，如果從功能上來做評估，只要狀況影響到工作效能、人際關係、休閒生活或身體健康，那麼就是時候尋求幫助了。

例如，工作或是念書比較難專注，導致效率下降、發生的錯誤增加；人際關係上，與家人、朋友或是與同事之間的相處受到影響；注意是否已經一段時間沒有興趣去從事原本有興趣的休閒活動；也可能是就算做了原本喜歡的事情，卻沒有原本預期中愉快、享受的感覺。

健康方面可能是其他科別的醫師提出警告，像是眼科醫師可能提醒失眠會眼壓升高、牙醫師在處理顳顎關節症候群或胃腸內科醫師在診治腸躁症時會提醒要注意壓力。

- **無法控制或是莫名的情緒或想法**

例如，在工作中莫名的掉眼淚，或是照顧孩子時常為了小事忍不住發脾氣，也可能今天沒有發生什麼事情，但是就是莫名的不開心；或是在複雜性創傷中常會有自我批評和無意義感。

這些看似莫名的情況，有時候透過一段時間自我觀察或是熟人側面的觀察可能可以看出些端倪。例如：女性經期前後的情緒波動，賀爾蒙的變動影響心情，影響了對身邊人的態度，也影響了人際關係；或是醫師告知罹患重大疾病之後，除了原本疾病帶來的身體不適，對於患者的心理也常會產生巨大的衝擊，而心理狀態常會回過頭來影響疾病治療的預後。

• **過度的自我藥療**

例如，長期自行服用感冒藥水，一沒有服用感冒糖漿就提不起精神；沒有喝酒就失眠；沒有服用止痛藥就渾身不對勁。

除了身心科、醫院，還有其他可以求助的機構嗎？

我在臺北市執業，因此主要以臺北市、在診所附近，或是診友有使用過的資源來舉例。如果有其他縣市的讀者有需求，可以透過各縣市政府社區心理衛生中心、衛福部心理健康司網站、台灣精神科診所協會網站、衛生福利部安心專線1925、生命線1995、張老師生命專線1980等，詢問相關資訊。

- **心理諮商所**：除了自費心理諮商外，有些諮商所也接政府方案，如：「年輕族群心理健康支持方案」，針對十五～三十歲的人，提供三次免費心理諮商（請參考衛生福利部心理健康司網站）。
- **心理衛生中心**：臺北市各區均設有心理諮商門診服務，只需要掛號費五十元，加上諮商費二百元。另外，也可以申請通譯服務。
- **社福機構、協會、基金會**：例如東區單親家庭服務中心，由臺北市社會局補助臺北市市民，每年十五次，婚姻家庭議題的心理諮商；失親兒福利基金會提供失親家庭免費諮商，也提供一般民眾付費諮商；臺北市一葉蘭喪偶家庭成長協會提供經歷哀傷之喪偶者成人悲傷治療團體；有緣基金會由社工師與諮商心理師提供幼兒到成人個別輔導；現代婦女基金會提供家暴或性侵害的經驗者支持服務與心理諮商；張老師提供心理諮商服務，以及張老師承辦的城男舊事心驛站則專注在男性身心健康議題。

- **教會：**例如臺北市靈糧堂輔導中心有提供成人個別協談、成長團體。

精神科醫師、臨床心理師、諮商心理師和社工師的差別？

葉北辰諮商心理師曾經在他的部落格裡，對於類似問題提過一個有趣的反思：「如果臨床和諮商心理師這麼不同，在雙盲情況下看一百個會談影片，專業人員或學者能夠區辨出何者是諮商心理師？何者是臨床心理師嗎？如果這個問題再加上精神科醫師和社工師呢？」

我嘗試以一個遊戲玩家的觀點，試著來加以區辨。（畢竟有人說過人生是一場遊戲，不是嗎？）在遊戲當中常有技能樹的系統，而四種專業人員的起始技能會有所不同。以下是我自己待過馬偕醫院、出來社區開業，與不同專業人員合作的觀察：

- **精神科醫師：**精神疾患診斷、精神藥物治療。

• **臨床心理師：**各種疾患、衡鑑[1]的評估方式、工具使用。
• **諮商心理師：**生活議題、情緒調適。
• **社工師：**資源連結、與來談者家庭的聯繫溝通。

針對上面的觀察，一個比較簡化但不夠精確的區分如下：如果是想要先評估看看是否符合什麼樣的精神疾患，可以找精神科醫師做診斷的評估。如果是想要知道一些可以從衡鑑工具中看到的資訊，例如注意力不集中過動症（ADHD）的電腦化測驗、失智症的認知功能分數，那麼找臨床心理師會

1 衡鑑可以簡單分為兩個部分：第一個部分是臨床心理師透過晤談，多方面的蒐集各種日常生活中的資料；第二部分是臨床心理師使用標準化的心理測驗工具施測。標準化的心理測驗工具經過研究證實，有標準化的施測方式。例如：魏氏智力測驗。

專業類型	協助方向	事例
精神科醫師	評估精神疾患、精神藥物治療	如：評估是否罹患思覺失調症、開立失眠、憂鬱症用藥⋯⋯
臨床心理師	各種疾患、衡鑑的評估方式、工具使用	如：確認失智症認知功能分數、ADHD電腦化測驗⋯⋯
諮商心理師	生活議題、情緒調適	如：失業、親友離世⋯⋯生活中的議題引起的情緒失調。
社工師	資源連結、與來談者家庭的聯繫溝通	如：受虐兒保護、家暴受害婦女保護⋯⋯

▌幾種助人專業工作者的差異說明。

有相關的工具。如果針對生活、學校、工作中遇到議題，想要找人談談，尋求一些方向，可以找諮商心理師。如果議題與家庭成員間的互動、與要找尋社會上的資源，可以找社工師。

如何建立一個共同照護團隊？

理想的情況下，遊戲玩家如果有個團隊，生存率或是刷寶的效率常常都比較好。在現實的醫療情境中，如果有一個團隊，成員可以分攤治療中各個面向的工作，可能比單一個治療師單打獨鬥要來得好。這樣的好，不只是對來談者有更全面的照護，對治療師而言，不用一個人承擔全部的事情，也會更好。（許多心理工作的專業人員都需要注意職場耗竭的現象。）

以馬偕醫院的辯證行為治療團隊為例，一位案主會有四位專業人員，分別負責擔任個案管理師、個別治療師、團體治療師和門診醫師。參考這樣的模式，創傷療癒也可以有一個團隊。（**因為牽涉到費用與診所本身的規劃，並非所有的身心診所都可以建立這樣的照護團隊。**）

在我執業的診所目前是採取與院內或是院外專業人員合作的共照模式：由醫師在門診處方藥物，針對穩定創傷的身心反應做調整；個別治療師，與來談者做個別心理治療或心理諮商。有時候會有第二位治療師，與來談者的家人做心理上的支持及技巧練習，協助家人在陪伴來談者之餘，也能夠花些時間照顧自己，以及有更好的方式陪伴來接受諮商的家人。

我該如何找到相關專業人員？

如果有意願建構屬於自己的治療團隊，要如何找到相關專業人員？這裡建議可以從各治療學會的網站、醫院、診所、心理諮商所的網站做搜尋。以書中所介紹的EMDR為例，可以搜尋「EMDR臺灣眼動減敏與歷程更新治療學會」或是「臺灣EMDR學會」，進入「尋找EMDR治療師」的頁面，會列出有參加學會的專業會員。同時可以再依據所在縣市以及治療師的專長來做選擇，例如不同治療師所服務的年齡層會有所不同（通常會區分為兒童、青少年、成人、長者），對創傷部分的專精也有所不同（例如性侵、家暴、失落與悲傷、解離……）。另外在台灣身體經驗整合教育協會，則可以找到通過身體經驗療法認證教育執行師。

在找到專業人員之後，我建議在頭幾次的晤談中，可以先試著評估治療師給自己什麼樣的感受？以及在聽完治療師針對自己的議題提出的初步治療計畫之後，除了對於治療計畫的理性評估，加上個案自己的感受，決定是想要嘗試看看，或者不適合自己。有時候也許需要花個幾次的時間，找到一個適合目前自己情況的治療師，陪伴自己走一段療癒的旅程。

10

陪你一起走過

個案在治療過程中，如果能有家人或親朋好友的支持，會對康復有很大的幫助。身而為人，我們是群體的生物，面對創傷時時，都需要其他人搭把手，提供情感上的支持。因此，這章簡單說明一下評估個案的方式、個案治療的主要過程，以及我們可以怎樣陪伴親愛的人走過創傷，過好現在的生活。

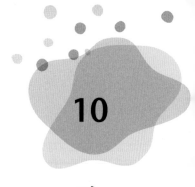

精神科醫師或諮商心理師如何評估個案？

精神科醫師評估個案主要可以分成兩種：診斷和治療。在精神科醫師的訓練中，相當重要的一環是**診斷性會談**，是在精神科專科醫師口試中要在考官面前，與一位由作為考場醫院所安排好的患者，在限定時間四十分鐘內，做出診斷以及初步的治療計畫。通過者才能取得精神科專科醫師的資格。

在診斷性會談中，主要目的是評估個案的情況，是否符合特定的診斷，以及在生理心理社會的層面上，有哪些可能會影響病情的因素，以及可能針對該項因素可以有哪些介入方式。其中關於是否符合診斷，精神科醫師要蒐集與診斷有關的症狀群。當一群症狀符合特定診斷的要件，以及在持續時間、影響生活的程度夠明顯，精神科醫師會因此做出診斷。

結構式的評估工具有許多種，〈臺灣中文版神經精神醫學臨床評估表〉（SCAN）是我在門診中常會使用到的。台灣精神流行病學學會每年會舉辦會談訓練工作坊，許多精神科醫師及心理衛生工作者也都會使用這樣工具。

除了由醫師、心理師做結構式評估之外，也有一些評估工具是個案填寫評估單。填寫量表時最理想的狀態，是醫師或心理師可以在旁邊提供解釋和引導，以確保個案是在理解題意的狀態下填寫。透過自填量表中所呈現出來的訊息，或是在填寫過程中想到的相關資訊，可以蒐集到一些在結構式會談中可能不會評估到的個人化資訊。曾經就有個案在填寫〈童年經驗量表〉（Adverse Childhood Experiences, ACE）時，覺得全部十題的情況都與自己的狀況不符，並在過程中脫口告訴我，從小沒有吃過、也沒有人買過冰淇淋給她。這會讓我在腦中翻譯成：「冰淇淋」是童年時期一項未被滿足的期待，她沒有得到自己想要的關心。

另外還有一些可能會請個案填寫的評估單，以我在做創傷工作中使用者為例，我會視情況使用〈創傷後壓力症候群量表〉（PCL-5）、〈事件影響量表〉（IES-R）、〈解離經驗量表〉（DES）、〈貝克憂鬱量表〉（BDI）、〈貝克焦慮量表〉（BAI）、〈國際創傷問卷〉（ITQ）。如果已經在線上做過評估，可以用來初步了解自己的狀況。但更理想的方式，是與專業人員討論自己在生活中的哪些情況與量表中的題目相符，可以使評估更精準。為避免篇幅太過冗長，就不一一詳細介紹量表的使用。

個案治療的大致過程

每個人來接受治療的期待和需求都有不同，例如：有些人會擔心吃很多藥物。也有些人想要有顆神奇藥丸快速地解決目前的症狀，當然也有些人希望能夠以不用藥物的方式來做治療。因此，個案治療會依個人狀況調整，以下從是否要吃藥、回診間隔、能否繼續日常生活、健保是否有給付來說明。

一、是否要吃藥

在治療中是否使用藥物，第一個考量是個案的診斷和症狀嚴重程度。例如，創傷後壓力症的患者，使用藥物可以幫助穩定情緒、減輕經驗重現和過度警覺的症狀，早期接受治療也可以減少病程進入慢性化的機會。如果是親人過世、伴侶分手而引起的悲傷、失落，即使藥物無法取代原本失落的歷程，也有機會減緩在這段歷程當中悲傷和失落的程度，比較能夠繼續原本的生活。

或許有人會擔心需要長期用藥或是對藥物產生依賴，但藥物在創傷治療的不同時期，也會隨著治療進展而做調整，有機會逐漸減少藥物在治療中的比重。因此短期的使用藥物，不見得會演變成長期依賴，在慎重的評估和選用下，反而有更好的治療效果。

二、回診間隔

通常在初次門診開立藥物後，我會請診友盡量在一週左右回診。原因是即使有些藥物需要二至四週逐漸在血液中有穩定的藥物濃度後，逐漸發揮藥物的作用。經過了一週，請診友可以先觀察有沒有不適應的副作用，同時我會評估是否有早期的藥物療效反應出來。我的想法是如果有副作用，診友通常很難持續服用二至四週。

另外，如果第一週就有好轉反應出現，即使是些許的好轉，都是接下來持續使用藥物治療，診友狀況會越來越好的一個早期指標。隨著症狀改善，診友的狀況逐漸穩定下來，回診間隔會逐漸延長。

如果是心理治療的間隔，最常見一開始的間隔會建議是一週左右。在治療初期需要建立關係，如果太長時間沒有再見面，大概很難有比較穩固的關係。我也曾遇過來談者期待的是比較密集的治療，一週可能會進行二～三次，通常這種情況是來談者有一段假期，除了治療，暫時沒有其他急迫待處理的事情，這時候可以投注比較多的心力在較高強度的治療。此外，密集的治療也要注意，隨著治療的劑量提高，產生的反應會比較強，過程中的身心變化會更加明顯。治療師要留意來談者的是否有足夠的動機，以及適合的身心狀態來進行密集治療。

三、療程中能否繼續日常生活

可以。大家常常會誤會，以為創傷治療是要改變過去發生的事情，其實做創傷治療，是想要改善現在的生活。比如來談者告訴我們在治療結束後要接著去工作，我們更是會留意這一節治療的強度以及在結束時的狀態。

四、健保是否有給付

門診接受藥物治療有健保給付。

心理諮商和心理治療在診所通常是自費，但是在醫院則有健保和自費兩種選擇。差別在於透過健保排隊，可能需要多等待一些時間，有次數限制，通常沒有辦法自己選擇治療師。

如何陪伴？

萬一親愛的家人或朋友需要治療創傷，我們可以怎樣陪伴他們呢？根據我的經驗，我建議透過了解創傷和相關的身心反應，以適合創傷經驗者的步調，營造出創傷當時所沒有的修復性經驗。

▼了解創傷和多重迷走神經的觀點

透過了解來談者過去曾經歷的創傷，以及這些創傷經驗後續所造成的影響，利用對創傷的知識來支持、回應創傷者，在生活中做出調整，減少再度創傷的機會。

我從兒子身上學到一個經驗。最近兒子去找心理諮商師做了一節沙盤[1]。兒子將沙撒的滿地都是，將物件全部從櫃子裡搬出來散落一地，還用一條蛇來代表老師。心理師除了回饋給我們，讓我們看見孩子心中的混亂和不安，也同時詢問了孩子生活中的改變。

剛升上中班的兒子，新老師和原本的老師風格不同，他對新老師比較嚴格的互動方式較難適應，對於同學打他，自己還手，卻被老師處罰，他覺得很不公平，有幾天早上嚷著不想去學校。

1 沙遊跟沙盤差別在應用理論的不同，使用工具是相同的。純沙遊的治療師傾向的是榮格學派，而沙盤治療則把不同的心理治療理論都整合進來。

我們知道了孩子不想上學的背後原因，是與老師相處上感覺到不安，於是試著與老師溝通。很幸運的，老師也願意嘗試換個方式跟兒子相處。到了放學時間，我看見兒子開心的舉高雙手，蹦跳著從教室裡走出來，帶著藏不住的笑容分享今天感覺到老師對他很好，前幾天那個不想去上學的兒子消失不見了。

多重迷走神經的觀點可以協助我們理解，經驗過創傷的人行為背後的神經生理反應的原因。多重迷走神經系統的作用，是協助我們以最有可能的方式生存。因此，有時候神經系統自動做出的反應，會與我們使用邏輯理智評估之後的反應不同。

在前面的例子當中，兒子在學校受到攻擊之後，嘗試保護自己，做出反擊。這裡他運用的是交感神經的戰鬥，通常是不安全的情況下做出防衛。結果他被老師處罰，在不安全的情況下感覺到無法保護自己，神經系統就從交感神經切換到背側迷走神經。背側迷走神經是神經系統做出判斷——打也打不過或不能打、逃也逃不走或不能逃，而因應啟動的。背側迷走神經系統有凍結、關機的機制，在兒子身上的行為就是不想要去學校。而我們透過心理諮商師協助，了解他對於環境發生的事情所產生的行為反應，與老師溝通，試著做調整，這是嘗試使用腹側迷走神經系統的社交連結，嘗試營造一個可以感到安心的環境。進一步的資訊可以搜尋「創傷知情照護」（trauma-informed care）與

「多重迷走神經知情」（Polyvagal-informed）。

▼以滴定的方式共同調節

有時候創傷發生的影像程度比較嚴重，或是持續的時間比較長，可能在身心上造成比較明顯的變化。這時候，作為陪伴的家人，一樣可以嘗試使用腹側迷走神經系統，透過社交互動，在情緒感受上支持對方。在黛比・黛娜（Deb Dana）的著作《療癒創傷，我如何是我》中提到，**在人際關係中互惠**，是療癒創傷的重要資源。這裡的互惠是指在彼此之間創造自律神經來回溝通的連結，也是真心聆聽與回應的經驗。比如玩樂（Play）是其中的一種形式，例如媽媽對寶寶唱唱歌、說說話，寶寶在其中學習聲音與語調作為語言的基礎，另一方面，寶寶的笑聲則是療癒媽媽辛苦的樂音。

要注意的是嘗試的活動會不會太多，會不會超過創傷經驗者目前可以接受的範圍。例如有過霸凌經驗的來談者，常常對人感受到恐懼，逐漸累積能量後想要嘗試與人接觸，但是如果去參加一場全場爆滿的表演，一下子接觸到太多人，接觸到太多強烈的情緒反應（雖然其他民眾可能是興奮、開心的），反而會覺得很不舒服。

▼邀請並允許經歷創傷的經驗者可以自己選擇

邀請是在建立連結時常會使用的語言。**邀請不是命令，也不帶有強迫性，也帶著不想造成對方負擔的意圖**。例如我可能會說：「我想邀請你出來喝杯咖啡。」或是「我想邀請你觀察看看，有沒有什麼你自己想要做的？但是這不是作業，你不想做或是沒有做也沒有關係。」

因為在創傷的時候常常是沒有選擇，如果是人際間的創傷更常常是對方沒有尊重創傷經驗者自己的意願。因此我們利用邀請的語言，隱含著「**歡迎你做出你自己想要做的選擇**」。即便是拒絕我們的邀請，**能夠說不**，對於創傷經驗者來說，也都是一種很好的表達。

▼透過欣賞來強化內在的安全島嶼

經歷過創傷的經驗者，有時候會變得很擅長偵測危險，但是不習慣去感受安全，或是體會稍微好一點的感受。因此當家人留意到有一些細微但是好轉的變化，陪伴者可以主動提出自己的看見以及欣賞，也可以進一步請創傷的經驗者花一點時間品嘗看看，這樣一點點的好消息。

例如，有些人在經歷創傷後，容易對許多大小事情都感覺煩躁易怒，甚至即使是對自己有益處或是休閒娛樂都有可能感到厭煩。如果創傷經驗者在某個時間點留意到，做了一些原本自己會覺得煩的事情之後，卻比較沒有煩的感覺，我可能就會邀請他們試著停留一下，注意如果沒有煩的感覺，是否有其他什麼感覺。在這個時刻，即使只是沒有不舒服的感覺，都可能代表來到中性，與創傷的影響保持了較遠的距離。

最後，謝謝你看到這裡。因為我知道這是多麼艱難的旅程，無論是要啃讀這些與你專業領域不同的資訊，或是要以一個支持的意圖來陪伴親友。過程中或許你會感到自己的挫折與使不上力。請暫停做個深呼吸，記得你穩定的存在本身就是一股堅定支持的力量。也請你可以暫時放下書本，環顧四周，因為**你不是一個人**：許許多多像你一樣的陪伴者和專業工作者們，都在以各種方式提供支持。

在陪伴的路上，也**請先善待自己**，可以找人傾訴，尋求屬於陪伴者的陪伴者。願在創傷之後，一起迎向健康、一起迎向生命。

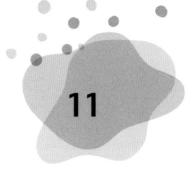

11 療癒之後

我在馬偕醫院的訓練，有很多時間是在學習辯證行為治療。這是一個可以應用在反覆自傷病人，有效減少自我傷害、自傷防治。辯證行為治療是由瑪莎・林納涵博士所發展的心理治療方法。她早年也曾經反覆自傷，住過精神病院兩年以上。根據她給早年自己所做的診斷，她當時有邊緣性人格障礙症（Borderline Personality Disorder, BPD），這是一種被認為與創傷有關的人格障礙。

出院之後的瑪莎，有一天跪在十字架前禱告，感受到一股暖流，生命開始有了轉化。**「我愛我自己！」**這是瑪莎印象中她第一次用第一人稱向自己說話。（很多經歷創傷的人，會對自我產生分離，會用像是第三人稱的角度來觀察自己。）接下來她開始進入心理工作，協助與自己有相似經歷的人。

創傷能真正治癒嗎？

瑪莎的故事是個奇蹟嗎？創傷經驗者能夠真正的治癒？創傷的樣態很多，以下我們將創傷依據不同診斷的病症，如PTSD、CPTSD、BPD和解離症等，分別看看關於這些症狀復元的研究。

▼創傷後壓力症候群

根據精神科教科書《精神病學概要》（*Synopsis of Psychiatry*）的資料，未經治療的PTSD患者，其中有30％可以自己完全復元（recover completely），40％會持續有輕微的症狀，20％會持續有中等程度症狀，10％症狀不會改善或是變得更糟。如果是經由EMDR治療PTSD，有研究指出，在平均進行六次每次五十分鐘的EMDR療程後，單一創傷受害者中100％都不再有創傷後壓力症候群。其他兩項隨機對照試驗的結果，發現84％至90％的單一創傷受害者在接受三次九十分鐘的EMDR療程後不再患有PTSD。

▼複雜性創傷後壓力症候群

有一項為期二年針對六十六位複雜性創傷後壓力症候群青少年的追蹤研究，在二年的追蹤期間，有54％的青少年復元，有36％有超過兩年的慢性CPTSD，有10％仍符合PTSD診斷。比較復元組和仍有慢性CPTSD者，仍有CPTSD者過去兩年內經歷更多創傷事件和生活壓力、社交網絡較少、正面社交支持較少、在學校遭受欺凌以及孤獨感，是慢性複雜性創傷的危險因子。

▼邊緣性人格障礙症

另外有一項為期十年的追蹤研究，在研究期間，一半的參與者從邊緣人格障礙中康復。康復的定義是在過去兩年內症狀緩解，並且在社交和職業功能上表現良好。93％的參與者達到了至少二年的症狀緩解，而86%的人實現了至少四年的持續緩解。而在症狀持續緩解的人中，只有15%的症狀曾經再次發作。

▼解離症

在一項針對德國維爾茨堡大學醫院接受治療的兒童青少年期罹患解離症患者的長期（平均追蹤時間約十二年）追蹤研究中，其中約26%的患者仍有解離症，約有56%的患者有其他焦慮、憂鬱和身體型疾患。

療程結束後如何維持康復成果穩定？

前述研究結果帶出了一個重要的問題，就是在結束療程之後，其中有些人仍有焦慮、憂鬱或是其他症狀，他們該如何照顧自己，才能夠讓康復的成果可以穩定？

自我照顧其實是每個人每天都需要留意的事情，不只是在療程結束之後。許多來談者在達成原本的治療目標之後，還會不定期回來，常常不見得是原本創傷的議題，而是在生活中遇到的狀況。以下根據蘇澤特・布恩在《處理與創傷相關的解離》（*Coping With Trauma-Related Dissociation*）書中的建議，說明改善生活品質的幾個面向：自我照顧、生活架構、睡眠、休閒時間和飲食習慣。

▼自我照顧

- 花時間反思為什麼會對照顧自己的身體和／或身體意識有困難，不用因為這些問題批評自己，先觀察，然後記錄下來找人討論。
- 學會辨認身體傳達的訊息。你能辨識出自己對疲倦、饑餓、冷熱或疼痛等會有什麼樣的感受嗎？例如：有人疲倦的時候會開始耳鳴、飢餓的時候會覺得四肢無力、感覺熱的時候身體會容易出汗。可以從自己身體會有的、特定的感受來做為提醒，自己已經疲倦了、已經餓了，從而可以適時的照顧自己的身體。
- 定期運動：即使是一週一次或是一次只有十分鐘都好。當然，要是能每天運動、出門走走更好。
- 找尋讓自己足夠安心的醫師、牙醫師、中醫師、物理治療師……，或是其他醫療專業人員來定期追蹤、看顧自己的身體情況。（許多創傷經驗者會在找尋醫療人員時感覺焦慮，甚至因此延遲就醫。）

- 如果你會好幾個小時從事某些活動，比如刷劇、短影音、遊戲等，可以設鬧鐘來提醒自己注意使用3C產品的時間。
- 嘗試每週與其他人聯繫幾次。當你想封閉自己時，要有意識地請朋友能主動來聯絡自己，或者在附近有人的地方，如公園或便利商店四處走走。
- 如果你和其他人一起生活，明確的溝通誰做什麼家事、哪些地方是公共空間、哪些地方是私人空間。這些規劃有助於產生清楚的人際關係界線，而清楚的界線可以減少不確定性所帶來的焦慮，也可以經由相互尊重彼此的界線，進而改善關係。

人際關係的界線

或稱人際界線，英文是boundaries in relationship，在心理治療的學習中，提到這樣的概念比較是外來的，原本華人文化中比較缺乏。這幾年也陸續有中文書籍或是譯作，提到有關於健康人際界線。（也有中文翻譯為人際邊界，如大是文化出版的《重設你的人際邊界》。）有經歷過人際關係創傷的人，常常在人際界線上有所困難，有可能會缺乏界線、容易被人佔便宜，或是有過度僵化的界線，容易破壞關係。

▼健康的生活架構

在精神科住院醫師訓練期間，資深精神科醫師李朝雄告訴我們，工作對於生活架構很重要，因為你不需要自己擔心要去哪裡，就是到公司專心工作八小時。（或許這樣的情況，在疫情之後，因為許多公司開始居家辦公而有了些轉變。）

生活的架構，有助於創傷經驗者減少陷入過去的創傷或是憂鬱當中。許多人只要在忙工作，就比較不容易想到不愉快的事。除了工作，休閒時間、社交活動、睡眠，也都是生活架構中重要的環節。但要注意，太過結構、安排太多活動，也可能讓自己精疲力盡。**找到自己的平衡**，在工作、休閒、社交、休息間善加分配，是個重要的課題。

▼睡眠

- 如果失眠，可以記錄什麼時候上床、起床、總共睡了多久，以及睡眠遇到的困難、嘗試過的方法。這個紀錄可以讓醫師快速了解你的狀況，這些也是精神科門診失眠常會評估的幾個問題。
- 每天起床或就寢前，花一點時間，透過一些儀式讓自己連結舒服、安心的感覺，也試著觀察這些感覺在身體哪些地方。儀式可以是聆聽放鬆的音樂、白噪音、輕撫安心小被被、抱著布偶娃娃、看看關心你的人或寵物的照片或是他們就在旁邊可能更好、冥想、呼吸練習等。
- 找出會影響睡眠的活動，比方晚上喝了咖啡或茶、過度運動、白天活動太少，就會失眠。有時候喝了咖啡因的飲料一開始不會明顯影響睡眠，但是過些時候可能造成胃食道逆流，進而影響睡眠。
- 如果睡覺的地方對自己來說不熟悉，或是有一些會影響睡眠的因素暫時沒辦法改變，例如住在旅館、早上八點附近工地會開始施工。這時可以試著提醒自己，比如這幾天這個房間是我用來休息的空間；或是，此刻在這裡一切安好。

- 設定每天上床和起床的時間，固定時間有助於維持睡眠的生理時鐘。注意是否有一些影響規律作息的因素，例如對睡眠感覺焦慮、總覺得事情沒有做完。
- 足夠的睡眠是重要的。如果晚上睡眠不足（許多創傷經驗者晚上比白天難睡），試著在白天休息一下。

▼休閒時間

- 如果你不會讓自己閒下來，甚至對自己放鬆有一些負面的想法，例如：「沒有努力做事，我就沒有價值」；或是「當我有一些快樂時光，接下來就會發生不好的事情」。將這些妨礙自己休息的問題記錄下來，找人討論。
- 觀察自己身邊是否有些人努力工作也盡情玩樂，注意這些人的生活方式帶給自己什麼樣的感受。
- 提醒自己，放鬆和休息不代表自己懶惰。實際上，合理安排休息時間放鬆的人在工作時更有效率。好比我高三時花很長的時間坐在書桌前念書，但有許多同學每天花一些時間去打籃球，其中好幾位的成績都更加優異。

- 把滴定的概念放入休閒中：如果出國旅行對自己來說有壓力，那麼可以改為安排城市裡的小旅行；如果去演唱會，人數太多很有壓力，可以到花博市集欣賞現場表演，隨時可以說走就走。
- 從每天幫自己安排一點空閒時間開始。好比我自己喜歡聽Podcast，有時候好幾天才聽完一集；也有人告訴我，他利用通勤時間追完了一部韓劇。

▼ 飲食

- 選擇足夠營養的食物，例如早餐的食物中是否含有蛋白質，提供大腦適合的營養。
- 如果你的食慾很差，可以將進食與社交互動或是一些令人愉快的事情結合起來，例如邀請朋友一起用餐；把食物擺放在精緻的食器中，放點音樂、點盞香氛蠟燭等。

- 如果有時候真的食不下嚥，可以使用流質來補充營養，例如湯、果汁、牛奶。

活出生命的豐盛

創傷的療癒是一個循序漸進的過程，需要時間與耐心。

研究顯示，不同類型的創傷在接受適當的治療與自我照顧後，多數人都能獲得顯著的進步與復元。更重要的是，**療癒之後是新生命的開始，但不是自我照顧或是尋求協助的終點**。仍要在每一天用心體察自己的需求，規律生活作息，與可信賴的人建立支持。碰到問題時，還是可以回去找原本的治療師。一步步壯大內在的力量與外在的資源，活出豐盛充實的人生。

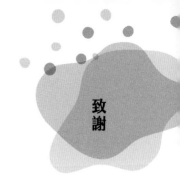

致謝

在本書結尾，我想向家人表達我深刻的感謝。我的太太獻賢，週六下午妳獨自陪孩子去游泳，讓我有一段全然屬於自己的時間來整理文字。妳一直是我溫暖的避風港，我生活中不可缺少的支柱。我的兩個孩子，這段寫書的日子，在陪你們看電腦時，爸爸常常分割了一半的畫面來寫文章。謝謝你們的體諒，你們是我最親愛的寶貝。

對於書中的五位來談者，我很榮幸能夠參與你們生命故事中的一段療癒過程，對我有很大的啟發。對於你們願意將那樣脆弱但十分寶貴的經驗分享出來，讓我深刻感受到你們無私的勇氣。那些見證轉變的時刻，也同樣刻劃在我的心裡，改變我的生命。這些改變也成為我重要的資源，讓我在工作時能夠邁著更穩定的步伐，繼續與其他來談者共同成長。

在我學習創傷治療的旅程中，有許多位良師益友，在此也要向他們致上無比的謝意。鄔佩麗教授是我的EMDR啟蒙老師，謝謝妳的智慧和耐心，從治療過程的逐字稿對話紀錄，一字一句教我學會說EMDR的語言。Siggy是我EMDR基礎訓練的老師，他總是不厭其煩的提醒我治療的步調太快了，我感受到父母在孩子蹣跚學步時那樣的看顧。Roger，謝謝你幫我做的EMDR，協助我將喪親的悲傷轉化為愛在當下。Maggie和Magna是我SE的老師，謝謝妳們上課期間找我上台做個案，讓我用身體來經驗SE。Sevita是我SE的督導，謝謝妳提醒我許多生活中自我照顧的細節，不只在臨床，也對我的自我照顧很有幫助。立健，十多年來與你一起學習EMDR、SE，讓我在學習的道路上不孤單。你示範了在忙碌的個案工作之餘，仍能夠勉力完成《解離女孩》這部作品，對我來說是很大的鼓舞。

謝謝我的編輯靖卉，在本書的書寫過程中，不只是謙遜的夥伴，也是富有智慧的引導者。在書寫開始的準備階段，就先閱讀了EMDR和SE的相關書籍。在書寫過程中，也能夠洞悉我的許多盲點，讓我得以補上許多可能可以讓非專業人士在閱讀時更好吸收的說明。也謝謝妳包容我常常在假日將初步完成的段落寄給妳，打擾妳的休息時間。妳對文字精心的調整，讓我彷彿回到《國語日報》學寫作文，那是一段我很享受的時光。

最後，我想再一次對所有參與並豐富了我生命的每一位表達由衷的感謝。如果沒有你們，這本書將無法完成。感謝你們的支持與信任，讓我有能量繼續書寫生命的篇章。

參考文獻

1 關於心理創傷、複雜性創傷與複雜性創傷後壓力症候群

- Trauma During Adulthood, https://istss.org/public-resources/trauma-basics/trauma-during-adulthood
- ICD-11 for Mortality and Morbidity Statistics, https://icd.who.int/browse11/l-m/en#http%3A%2F%2Fid.who.int%2Ficd%2Fentity%2F2070699808
- Complex trauma and intimate relationships: The impact of shame, guilt and dissociation.(2013) J Affect Disord
- Dissociation, shame, complex PTSD, child maltreatment and intimate relationship self-concept in dissociative disorder, chronic PTSD and mixed psychiatric groups.(2015) J Affect Disord

- Trauma-related dissociation and altered states of consciousness: a call for clinical, treatment, and neuroscience research(2015) European Journal of Psychotraumatology.
- Developing an optimal short-form of the PTSD Checklist for DSM-5 (PCL-5)(2020) Depress Anxiety.
- Assessing Trauma-Related Dissociation: With the Trauma and Dissociation Symptoms Interview (TADS-I) (2023)

3 眼動減敏與歷程更新

- “What Should Clients Ask An EMDR Therapist?” – Part 1, https://www.emdria.org/blog/what-should-clients-ask-an-emdr-therapist-part-1/
- EMDR Target Time Line（2012）Journal of EMDR Practice and Research

11 療癒之後

- Dr. Marsha Linehan 小傳，取材自http://mmhdbt.blogspot.com/2020/01/Simply-bio-of-Dr-Marsha-Linehan.html

- Kaplan and Sadock's Synopsis of Psychiatry: Behavioral Sciences/Clinical Psychiatry Eleventh Edition
- The Role of Eye Movement Desensitization and Reprocessing (EMDR) Therapy in Medicine: Addressing the Psychological and Physical Symptoms Stemming from Adverse Life Experiences (2014) Perm J.
- Complex posttraumatic stress disorder in adolescence: A two-year follow-up study (2023) Clinical Child Psychology and Psychiatry
- Time to Attainment of Recovery From Borderline Personality Disorder and Stability of Recovery: A 10-year Prospective Follow-Up Study (2010) American Journal of Psychiatry
- Long-term outcome and prognosis of dissociative disorder with onset in childhood or adolescence (2008) Child and Adolescent Psychiatry and Mental Health.
- Coping With Trauma-Related Dissociation-Skills Training for Patients and Their Therapists (2011) written by Suzette Boon, Kathy Steele, Onno Van Der Hart.

國家圖書館出版品預行編目資料

解鎖往事陰影,走出複雜性創傷：精神科醫師以EMDR和SE療法,陪你擺脫創傷,覺察正向自我/李政洋著. -- 初版. -- 臺北市：商周出版：英屬蓋曼群島商家庭傳媒股份有限公司城邦分公司發行, 2023.12
面； 公分. --（遊藝.療心；5）

ISBN 978-626-318-907-2(平裝)

1.CST：創傷後障礙症 2.CST: 心理治療

178.8 112017453

線上版讀者回函卡

遊藝．療心 05

解鎖往事陰影，走出複雜性創傷

──精神科醫師以EMDR和SE療法，陪你擺脫創傷，覺察正向自我

作　　者／李政洋
企劃選書／黃靖卉
責任編輯／黃靖卉

版　　權／吳亭儀、江欣瑜
行銷業務／周佑潔、賴正祐、賴玉嵐
總 編 輯／黃靖卉
總 經 理／彭之琬
第一事業群總經理／黃淑貞
發 行 人／何飛鵬
法律顧問／元禾法律事務所 王子文律師
出　　版／商周出版
臺北市104民生東路二段141號9樓
電話：(02) 25007008　傳真：(02)25007759
blog: http://bwp25007008.pixnet.net/blog
E-mail：bwp.service@cite.com.tw
發　　行／英屬蓋曼群島商家庭傳媒股份有限公司城邦分公司
臺北市中山區民生東路二段141號2樓
書虫客服服務專線：02-25007718；25007719
24小時傳真專線：02-25001990；25001991
服務時間：週一至週五上午09:30-12:00；下午13:30-17:00
劃撥帳號：19863813；戶名：書虫股份有限公司
讀者服務信箱：service@readingclub.com.tw
城邦讀書花園 www.cite.com.tw
香港發行所／城邦（香港）出版集團有限公司
香港九龍九龍城土瓜灣道86號順聯工業大廈6樓A室_ E-mail : hkcite@biznetvigator.com
電話：(852) 25086231　傳真：(852) 25789337
馬新發行所／城邦（馬新）出版集團【Cite (M) Sdn Bhd】
41, Jalan Radin Anum, Bandar Baru Sri Petaling, 57000 Kuala Lumpur, Malaysia.
電話：(603) 90563833　傳真：(603) 90576622　Email：services@cite.my

封面設計／張燕儀
排版排版／林曉涵
印　　刷／中原造像股份有限公司
經 銷 商／聯合發行股份有限公司
新北市231新店區寶橋路235巷6弄6號2樓電話：(02) 29178022　傳真：(02) 29110053

■2023年12月5日初版一刷
Printed in Taiwan
定價450元

城邦讀書花園
www.cite.com.tw
 ISBN 978-626-318-907-2